U0001729

THE ADVERSE CHILDHOOD EXPERIENCES RECOVERY WORKBOOK

Heal the Hidden Wounds from Childhood Affecting Your Adult Mental and Physical Health

背負創傷長大的你，
現在還好嗎？

**揭露童年有毒壓力對大腦和行為的影響，
以「尊重平靜」取代「羞恥自厭」的自我認知修復清單**

Glenn R. Schiraldi PhD

壓力管理・創傷復原專家

格倫・R・斯拉迪 博士————著

吳煒聲————譯

你如果感到悲傷，日後就能夠快樂。傷痛會猛力將所有東西掃出你的心房，讓新的快樂進入你的心裡。傷痛會搖動你內心枝頭的枯葉，讓鮮嫩的綠葉得以接續萌芽生長。

它會拔起腐爛的根莖，使隱藏在底下的新根有了生長空間。無論悲傷從你心中搖落什麼，更好的東西都會取而代之。

——13 世紀伊斯蘭教蘇菲派神祕主義詩人
賈拉魯丁·魯米（Jalaluddin Rumi）

目錄│Contents

改變看待過去的方式，
就能改變未來

美國諮商教育與督導博士、美國執業心理諮商師
留佩萱

　　這幾年來，我感受到社會大眾開始重視創傷、童年逆境、療癒與復原，身為一位心理治療師，我相信心理治療的力量，也希望每一個人都有機會可以藉由心理諮商做療癒與修復。

　　但我也理解心理諮商有它的局限，以及並不是每一個人都有時間、金錢、與心力去做心理諮商。我也相信療癒不需要只來自於心理諮商，其他管道像是藝術、身體律動、節奏、音樂、瑜珈、接觸大自然、閱讀……等，都可以帶來療癒。

　　閱讀一直是我自己很喜歡的療癒方式，而本書正是一個很好的機會，讓大家可以依循著作者的帶領，來嘗試重新愛過去的自己與療癒。

　　如同原書名所寫的「修復手冊」（recovery workbook），這是一本工具書，作者格倫‧斯拉迪博士在這本書中清晰地提供關於童年創傷如何影響人的資訊、幫助讀者理解療癒是有希望的、以及在書中提供大量的方法和練習，讓讀者可以照著這些練習來療癒自己。當我讀著這些練習方法時，我自己非常驚喜，有一些練習是我熟悉的、會在諮商中讓個案嘗試，另外一些練習我並不熟悉，一邊閱讀時也一邊嘗試與體驗。我很感激作者把這些修復練習整理出來，而

整本書的寫作方式，讓我感受到作者似乎就在我身邊，溫暖地陪著我做這些嘗試。

當然，這本工具書中的每一種修復練習並不一定都適合你。畢竟作者是一位受到西方心理學訓練以及生活在西方文化中的心理治療師，書中提供的資訊和練習也是奠基於從西方心理學看待創傷與療癒的角度，所以你可能會發現，書中一些例子或主題並不符合你的生活樣貌（譬如書中提到的宗教信仰並不是你的宗教信仰，或是宗教對你來說並不重要）。西方心理學是一種觀點，並不是唯一的觀點或最好的方法，世界上有各式各樣不同的文化、每種文化有不同對於療癒的方法，所以如果你覺得書中某些練習並不合適也沒關係，你可以就選擇適合你的練習、或是把這些練習調整成你喜歡的方法。

療癒之後獲得的愛，還能渲染給其他人

我相信我們每個人都有能力可以做改變，不管你現在幾歲、在人生哪個階段，療癒與改變都有可能發生。而療癒是一個持續的過程，需要我們偶爾暫停忙碌的生活，把注意力從外在轉到內心世界，去好好檢視我們發生了什麼事情。我也相信，我們每個人所攜帶的創傷並不是只來自於你自己，我們都攜帶著來自祖先們所傳承下來的創傷、以及這個不平等社會體制所加諸在我們身上的創傷與壓迫。

我非常喜歡北美原住民的「七個世代」（Seventh Generation）觀點，他們認為，我們做的行為都會影響七個世代，所以做任何決定時需要考慮到七個世代。而同樣的，當我們有機會做療癒時，你同時也療癒了七個世代———在你之前的七個世代，以及你未來的七個世代。

而當我理解到，我的療癒並不是只為了我自己，這是多麼美麗的事情。我們的祖先過去經歷非常多創傷與失落，他們或許在過去的文化背景下並沒有機會做療癒，而我現在能夠為他們一起做療癒。

而我也想讓未來世代的人知道，我們在努力療癒自己、療癒這個社會，讓未來他們來到地球時，可以有一個更美好、平等、尊重人與充滿愛的世界。

　　所以邀請大家，翻開這本工具書，讓自己有機會療癒。雖然我們無法改變過去發生了什麼事情，但我們可以改變現在的自己如何理解過去、讓自己療癒與修復，建立一個更充滿愛的社會。

阻斷代代相傳的創傷，
重獲自由

　　生活很艱難，但理應如此。我們都不希望所愛的人受苦，但人如果不受苦，就永遠無法培養克服逆境的信心，也永遠學不會如何療癒傷痛，從而幫助自己和造福別人。誰都有難熬的經驗，好比遭受虐待、被人忽視或生長在有問題的家庭。這些「童年創傷」（adverse childhood experiences，簡稱 ACEs，又可稱為童年不良經驗、兒童期負面經驗或童年逆境經驗）會衍生「毒性壓力」（toxic stress）進而影響社會。如果不加以解決，它會烙印在大腦，從而改變大腦，影響生活和自我意識，剝奪幸福感，讓人受苦一輩子，甚至牽連下一代。由此可見，童年創傷不僅會在受害者身上遺留傷痛，造成破壞性的後果，還會影響後代，因此，它可能是目前尚未解決的頭號公共衛生問題。

　　幸好，現在有方法可以妥善消除惡性的童年創傷壓力。本書將引導各位療癒童年逆境經驗所造成的內在創傷，讓你重拾美好的生活。它能帶給你希望，使你勇於追求幸福。**你將會發現，原來了解自己的問題（亦即知道目前和曾經遭遇的逆境）能療癒內心傷痛；一旦知道自己之所以痛苦是有原因的，便能感到欣慰，因為：這些原因和問題都是有道理的，你並沒有發瘋或不正常。**另外，即便早已成年，仍有很多療癒方式可供你選擇。讀了這本書之後，就能釜底抽薪，化解隱藏在內心深處的傷痛，不必去忽略或隱藏傷痛的根本原因。

　　這本書，不是要去追究或歸咎過去的問題，因為責備他人只會讓你覺得自己是無助的受害者；同時，批判別人也無濟於事，因為

無論是你的父母或你自己，大家都一樣，只會做「當下」自認為該做的事情。嚴厲的論斷和批評，只會使你陷入苦澀和不斷感到挫折的泥淖。與此相對，本書能讓你積極尋找新的可能性與療癒方法。如果你單靠意志力無法獲得想要的效果，那麼，本書所提供的多元治療方式，將對你大有幫助。

如何透過這本書，修復童年創傷？

我們現在知道，人類自我體驗的方式會深刻影響整體的心理健康和功能，如果只是關注當前的思維模式來改變這種體驗，通常是無效的。與此相對，我們需要採取全新的方法，直接從更深的層面去復原因過去受虐而導致的內在傷口。

痛苦和羞恥通常起源於童年時期，且其存在於意識之下、難以被察覺，但藉由本書的內容，各位可以學習如何將痛苦和羞恥轉化為安全和有益健康的自我意識。你能將體會到的「感覺」（亦即那些很不舒服、難以言喻，但似乎無法擺脫，而你也覺得自己有問題的感受）攤在陽光底下，然後用一種平和的內心喜悅來代替這些感覺，從而活出真正的自我。

除了幫助各位治癒童年隱藏的傷口，書中提到的技巧也能有效改善你的身心健康。當你將整個（療癒的）自我帶入現在，就能充分享受生活，並更能關心自己和身邊心愛的人。

另外，本書著眼於實作練習和掌握技巧，因為僅靠知識不足以改變你的大腦。它遵循邏輯順序，每項技巧都基於先前學習的技巧，話雖如此，你也可以跳過某些章節，直接閱讀自身覺得最需要的部分。然而，若能從頭到尾循序漸進地閱讀，本書所帶給你的效果會更好，因為你是逐步打好基礎才去學習新的技巧。如果想知道更多書本以外的資訊，閱讀完本書之後，可至網站下載資料，獲得更多相關資訊：http://www.newharbinger.com/46646。

本書的編排方式，以及如何有效使用本書？

在第 1 篇中，你將知道童年創傷的毒性壓力會如何損害身體和影響情緒健康，同時了解童年時期的愛情紐帶能夠如何協助大腦正常發育。至於第 2 篇～第 5 篇，將適切地引導各位踏上復原之旅。其中在第 4 章，將說明為什麼從童年創傷療癒之後，能使人充滿希望。近年來，我們對創傷記憶了解甚多，也知道該如何透過自身努力或在必要時，尋求合適的心理健康專家來協助治癒這些創傷。

而在第 5 章、第 6 章和第 7 章，則是介紹可強化大腦，讓你做好踏上康復之旅的準備。第 5 章和第 6 章會教導各位如何調節壓力和化解強烈的痛苦情緒，從而使大腦發揮最佳的功能。第 7 章將說明促進大腦健康、功能和情緒的關鍵，讓你的大腦做好準備，能以健康的方式快速重新啟動。

另外，「培育心像」（nurturing imagery）是一種可以模擬促進大腦正常發育的依附紐帶。因此，在第 8 章～第 11 章中，將指導各位去營造新的培育體驗：這些是你童年所需但可能有所缺乏的體驗。有時你會從想像的理想照顧者中，獲取所需的培育心像，有時也會從你本身來獲取心像，而這些心像體驗可在大腦內部創造建設性的神經模式，進而抵消由童年創傷所引發的擾人大腦連線（brain wiring）*。而這些新形成的神經迴路，能使你以最佳狀態去感受和進行日常活動。到了第 12 章，你將開始養成依靠舒適、保護和鼓勵來化解痛苦經驗的模式。藉由先前所學的技巧，各位便能逐步化解和治癒童年傷痛。

在第 13 章和第 14 章中，會教導各位如何把困擾你的近期事件或想法來源，追溯至影響你目前生活的童年事件；你會知道該如何解決最近發生的事件和化解舊有的傷口。另外，活在童年創傷陰影之下的人，其所時常飽受痛苦的核心就是「羞恥感」（shame）。因

---

*譯註：大腦運作和思維的方式。

此，在第 15 章到第 23 章會直擊痛苦核心，告訴各位如何用內心的安全感和平和的快樂，來代替使你痛苦的羞恥。

每個人都會受苦，但生活不是只有受苦，甚至也不只有「療癒」這件事。所以，在第 24 章到第 28 章將告訴你如何超越療癒，營造讓你滿意和快樂的生活。最後的結語，希望讀者能從中思考對你幫助最大的原則和技巧，接著擬定計畫，讓你不至於荒廢所學，以便日後能隨時運用。

總的來說，我希望各位讀完這本書之後，能成為療癒傷痛的大師和專家，使各位盡可能地隨時保持心理健康，擁有健康的自我意識、內在安全感和良好的感覺；以上這些，是本書的終極目標。不過，請給自己寬裕的時間去達成這些目標。療癒之旅值得你花費時間和精力，請務必按照自身的節奏進行。如果本書的某些章節使你感到不堪負荷，請先將其擱置一段時間，用你學到的鎮靜技巧先讓自己沉靜下來。另外，或許也可以請合適的心理健康專家來協助你踏上這段修復之旅。

現在，讓我們一起開始這段療癒旅程吧！

第 1 篇

為什麼
童年的創傷，
會如此傷人？

第1章

毒性壓力和童年創傷

　　人們通常會經歷 3 種壓力：良好的壓力、可忍受的壓力和毒性壓力；而無論是哪一種壓力都能拓展我們的個性，促使心靈成長，不過其中，毒性壓力卻會造成獨特的問題，尤其會讓人在童年時期飽受痛苦。壓力雖然可以如上述般分門別類，但實際上壓力是一種連續光譜，不同類別的壓力之間，其界限是漸進而非決斷的。話雖如此，通常能用下列方式來界定不同的壓力為何：

　　•**良好的壓力**：這種壓力會挑戰我們，卻不至於壓垮我們；面對此壓力，我們能控制情緒，做出正確的決定。這就好比學生做好準備去參加考試，或運動員歷經妥善的訓練後在大型比賽中表現出色。此時，壓力反應（stress response）* 是短暫的，同時，壓力荷爾蒙（stress hormone）會落在適當的區間。

　　•**可忍受的壓力**：此壓力可能導致「戰鬥或逃跑」的激烈身體變化，同時壓力荷爾蒙會隨之飆升。然而，身體最終會恢復正常，特別是值得信賴的成年人能幫助孩子緩衝壓力，孩子就能回到正常狀態。換言之，在產生永久的身心傷害之前，身體就會恢復正常。相關例子包括：親人自然死亡，或者颶風侵襲過後社區民眾聚集在一起相互取暖。

　　•**毒性壓力**：這是一種會排山倒海而來，令人喘不過氣的壓力。這種壓力會非常嚴重或持續很久，足以讓人「震驚不已」並長期飽

---

*譯註：一種生理反應，當動物感知到有害事件、攻擊或生存威脅時所做出的反應，通常為戰鬥（fight）或逃跑（flight）。

受壓力。**它會對大腦和身體造成不良的影響，損害成年人的健康、影響工作表現、破壞人際關係、喪失判斷力、無法控制衝動，以及傷害靈性和自尊。**假使沒有可提供安全感的成年人來緩衝這種壓力，受害者會更容易出現前述的狀況，更甚者，如果不加以控制，毒性壓力所造成的負面影響，會進一步影響到下一代。

由此可見，毒性壓力所造成的負面影響非常嚴重，因此，有不少人針對童年的毒性壓力進行了研究，其結果令人矚目。

童年創傷經驗與相關的身心影響

有 2 位醫生率先研究童年創傷經驗，分別是美國加州聖地亞哥凱薩醫療機構（Kaiser Permanente）預防醫學部（Department of Preventive Medicine）負責人文森・費利蒂（Vincent Felitti），及其疾病控制與預防中心（Centers for Disease Control and Prevention）的研究員羅伯特・安達（Robert Anda）。2014 年，他們分析了一家大型健康維護組織中，17,000 多名患者的日常醫療紀錄，找出了根據童年創傷經驗而能經常預測的 10 種普遍心理、醫療和功能問題，分別是：

- **3 種虐待**：性虐待、身體虐待、心理虐待。
- **2 種忽視**：情感忽視、身體忽視。
- **5 種家庭功能失調**：父母離婚或分居、目睹母親或繼母受到暴力對待、家人酗酒或吸毒成癮、家人自殺或罹患精神病、家人入獄坐牢。

另外，費利蒂和安達發現，大約 2/3 的成年人至少經歷過這些童年創傷的其中一種。此外，童年創傷經驗通常不會單獨發生：**兒時經歷過一次逆境經驗的人，至少會再經歷過一次這種經驗**，例如：酗酒的父親很有可能會虐待孩子。

造成「疾患」（dis-order，根據英文字根，就是偏離正常的「秩序」〔order〕）的成因，通常有多種原因交錯，例如：病菌感染、處於有毒的環境、缺乏社會支持、有害健康的生活方式、基因和氣質。不過，費利蒂和安達的初始研究和後來的大量研究指出，童年創傷經驗則會「單獨」導致不少疾病，並逐步引發疾患。換句話說，童年創傷經驗的分數越高，其罹患疾病的可能性就越高。以下，是童年創傷經驗可能會導致的疾病：

需要就醫的情況

- 肥胖症：吃東西能讓人緩解傷痛，其心理機制可能是「如果我長得不吸引人或能到處展現力量，別人也許就不會來惹我」。
- 第二型糖尿病、癌症、肝炎。
- 心血管疾病，例如：心臟病、中風等。
- 自體免疫相關疾病，例如：類風濕性關節炎、第一型糖尿病、多發性硬化症、狼瘡、牛皮癬、乳糜瀉、發炎性腸道疾病、葛瑞夫〔氏〕病、白斑症、特發性肺纖維化、原發性膽汁性肝硬化等。
- 纖維肌痛症、不明疼痛、慢性疲勞症、潰瘍症狀、易骨折。
- 幾乎所有的睡眠障礙，例如：睡眠呼吸中止症、噩夢、失眠、嗜睡症、夢遊、睡眠進食症等。
- 生殖問題，例如：性病、早產等。
- 壽命減短：根據研究，當童年創傷經驗分數為 6 以上時，其會折壽將近 20 年。
- 根據童年創傷經驗者的自述，其整體健康狀況多半比較差。

心理健康狀況

- 自卑。
- 憂鬱（包括躁鬱症）。
- 焦慮（包括恐慌症）。

- 創傷後壓力症候群（PTSD）和複雜性創傷後壓力症候群。
- 邊緣型人格障礙。
- 注意力不足過動症（ADHD）。

危險行為

- 藥物濫用或誤用，例如：吸菸、濫用藥物的疾病、靜脈注射藥物、誤用處方藥或服用過多藥物、過於頻繁服藥，或者在沒有處方箋下，就任意使用藥物或服用更多種藥方。
- 自殺未遂。
- 性早熟，例如：於15歲之前就有性行為、擁有多重性伴侶、10幾歲就成為父親或母親、意外懷孕等。
- 遭親密伴侶使用暴力，或成為性犯罪的受害者或加害人。
- 不喜歡活動身體。
- 各式犯罪行為。

功能受損

- 面臨職場困境或財務出現問題，例如：無法工作或注意力難以集中、曠職、出現嚴重的財務問題、一生收入偏低等。
- 記憶障礙。
- 結婚次數更多。
- 教育程度偏低。

　　那麼，究竟童年創傷經驗能多精準預測上述的情況發生？原則上，如果童年創傷經驗分數為4或更高，此時與0相較之下，其風險通常會增加2～5倍。另外酗酒（增加7倍）、意圖自殺（增加12倍）以及學習和行為問題（包括注意力不足過動症〔通常容易被誤診為躁鬱症〕在內的問題，最多增加33倍）等情況的風險則更高。由此可見，各種童年創傷經驗所造成的傷害能力大致相同。

因此，有人研究童年創傷經驗之後得到以下的 5 大結論：

（1）在 10 個主要死亡原因中，有 7 個的累積風險因素是童年創傷經驗，與收入、種族、護理和教育無關。

（2）時間只能掩蓋痛苦，無法治癒童年創傷所造成的傷痛。

（3）越早遭遇童年創傷經驗，就越搞不清楚情況。如果沒有可信賴的成人從旁支持，更是如此。

（4）我們經常針對疾患的症狀來下功夫，但這樣的結果，就好比「驅散了煙霧，卻沒有把火源熄滅」。與此相對，必須處理根本原因，也就是要面對童年的創傷經驗，才能根治疾患。

（5）最初的研究主要限於中上階層人士，也就是白人、受過大學教育、擁有良好的工作和健康保險。然而，窮人、城市居民、少數族裔、軍人和坐牢者屬於高風險群，他們的情況和結果往往更糟。

雖然以上這些統計數據令人震驚，但我們現在已知道，只要澈底了解我們所面臨的問題，就能做很多事情來消除童年創傷經驗的影響。現在，讓我們透過以下的測驗，來了解何謂童年創傷經驗，以及，測驗一下自己是否有童年創傷經驗？一起找出那個使你現在身心不適的「火源」，澈底熄滅它吧！

> 童年時期受到的創傷可能會深埋在內心，
> 而且會不斷困擾受害者。
>
> ──美國兒童情緒虐待治療專家
> 詹姆斯·加伯利諾（James Garbarino）

童年創傷經驗分數測量表

首先，不妨先了解有哪些風險會危害你的健康，如此一來，就能採取相應的適當行動來加以化解。以下的每個項目都是在講述童年的生活狀況，回想一下，看看是否曾遭遇過這些情況，然後勾選「是」或「否」。

■ 在你 18 歲之前	是	否
1. 父母或其他長輩是否**經常**…… 怒罵你、侮辱你、貶低你、或羞辱你？ **或者** 他們的言行舉止讓你害怕自己可能會受到身體的傷害？		
2. 父母或其他長輩是否**經常**…… 推你、抓你、拍打你或向你丟東西？ **或者** **曾經**痛打你，讓你留下傷痕或受傷？		
3. 有沒有成年人或至少比你大 5 歲的人**曾經**…… 觸摸、愛撫你，或叫你觸摸他們的身體，讓你很不舒服？ **或者** 嘗試或真的和你口交、肛交或陰道性交？		
4. 你是否**經常**覺得…… 沒有家人愛你，或者認為你很重要和很特別？ **或者** 你的家人不會互相照顧、彼此親近和相互扶持？		
5. 你是否**經常**覺得…… 吃不飽、必須穿髒衣服或沒人保護？ **或者** 父母酗酒或吸毒，無法照顧你或在你生病時帶你看醫生？		
6. 父母曾離婚或分居嗎？		
7. 你的母親或繼母： **經常**被人推抓、打耳光或被扔東西嗎？ **或者** **有時**或**經常**被踢、被咬、被人用拳頭或硬物擊打？ **或者** **曾在**被人擊打至少數分鐘或被人用刀槍威脅過？		
8. 你是否曾與酗酒或會上街買毒品吸食的人住在一起？		
9. 你的家人是否有憂鬱症或精神疾病，或者他們是否曾經要自殺？		
10. 你的家人是否曾經入獄？		
「是」一欄的勾選**總數**，就是你的童年創傷經驗分數		

其他的童年創傷經驗

　　最初的研究認為，只有上述 10 種中產階級患者最常回報的童年創傷經驗，與不良的健康影響有關。然而，後續研究陸續發現，還有其他的童年創傷經驗也可能對身心健康造成長久的影響。

　　其中，有些創傷經驗顯而易見，有些則比較隱密，甚至就連受害者自己都可能想不起來。根據初步的資料，**與家庭壓力有關的傳統童年創傷經驗，似乎比社會層面的壓力更容易影響健康及其功能。**各位從以下的量表，會更加認識其他可能影響健康的童年創傷經驗有哪些，也不妨一起測驗看看。

擴充的童年創傷經驗意識的量表

　　如果在 18 歲前，曾經歷或目睹下列的任何項目，請在旁邊打勾：

☐ 1. 失去父母或監護人，例如：他們身亡、遭人謀殺、被驅逐出境、被綁架或派遣到戰區等。

☐ 2. 失去親密的家人或朋友，例如：他們身亡、遭人謀殺、被驅逐出境、被綁架或派遣到戰區等。

☐ 3. 親人罹患重病。

☐ 4. 遭受家庭暴力或受到威脅，或者家人威脅要傷害其他的家人，例如：母親虐待或辱罵父親。

☐ 5. 有暴躁易怒的父母或照顧者，他們會發脾氣、壓迫你、不聽你說的話。

☐ 6. 父母情感不睦，好比不斷爭吵。

☐ 7. 兄弟姊妹太多，得不到父母的關懷。

☐ 8. 母親有產前或產期壓力。

☐ 9. 為了達到父母的要求而焦慮，例如：父母喜歡批評或過度保護你，總是認為你表現得不夠好；你覺得背負太多的期望，永遠無法讓雙親滿意；父母不時「偷偷說你不夠優秀」等。

☐ 10. 有人性侵、身體虐待或情緒虐待你；施暴者是兄弟姐妹或其他人，

包括約會強暴；被迫看到或從事性行為；看到其他人被迫從事性行為；目睹兄弟姐妹受到性虐待。

☐ 11. 社區、鄰里或學校出現暴力行為，例如：覺得鄰里不安全；實際看到或聽到有人被刺傷、槍擊或謀殺；聽到槍聲；遭到人身攻擊或被人搶劫；接觸到幫派或遇過動亂；住家被人破壞或遭竊；被老師、同學、社區或網路的人欺負或騷擾。

☐ 12. 因為殘疾、種族、出生地、性取向、宗教之類等因素，受人歧視。

☐ 13. 被孤立或排斥，沒有親密的朋友。

☐ 14. 生活貧困。

☐ 15. 無家可歸。

☐ 16. 生活在戰亂區，

☐ 17. 目睹可怕的傷害、死亡或種族滅絕。

☐ 18. 經歷過恐怖主義。

☐ 19. 曾經遭人綁架。

☐ 20. 曾經被人販賣；當過奴隸。

☐ 21. 流離失所；移民後生活困難。

☐ 22. 信仰邪教。

☐ 23. 遭人監禁。

☐ 24. 被迫結婚。

☐ 25. 遭遇天然災害，例如：洪水、龍捲風、地震或颶風等。

雖然，目前沒有明確研究指出，上述這些童年創傷經驗會如何影響我們的身心健康。然而，從本書所學到的技巧能有效幫助各位減輕上述經歷所帶來的痛苦。

嬰幼兒時期的特殊情況

你在子宮（特別是在母親的妊娠晚期）和出生後 3 年以內的經歷，對你的大腦發育、日後的心理健康、壓力反應和你認識自己的

方式，至關重要。因此，讓我們檢視可能以負面方式影響大腦的創傷經驗，即使你無法回憶造成這些經驗的原因。

只要仔細思考這些情況，就可知道本書後面所探討的技巧有多麼重要。

母親遭受的壓力

待在子宮裡發育的嬰兒也有意識，足以察覺母親感受的壓力。這種壓力可以透過荷爾蒙傳遞到羊水，胎兒也能從母親的心臟和透過自己的聽力來感受這種壓力。母親生了小孩之後，可能會被壓力壓得喘不過氣來，或者必須全力對抗壓力，於是無法妥善保護和關愛嬰兒，讓嬰兒感到安全。

有趣的是，嬰兒期缺乏母親的關愛比起兒童期受到性虐待更容易使受害者生病。也就是說，**母親在懷孕期間或之後所經歷的壓力，更可能會造成你的童年創傷經驗**。而為人母親會經歷的壓力，包括：

- 身體疾患或精神疾病，包括產後憂鬱症、吸毒成癮、焦慮不安或動完手術後身體虛弱。
- 有另一個孩子或家人罹患慢性病。
- 先前的嬰兒夭折而走不出傷痛。
- 最近家人死亡或罹患慢性病。
- 由受過創傷的父母撫養長大。
- 婚姻問題，例如：只關心丈夫出軌的事情、丈夫對她冷漠以待鮮少愛撫或扶持她。
- 丈夫或她自己本身不希望懷孕。
- 忙著處理財務問題或生活在危險的環境而害怕，例如：與幫派分子一起生活或住在戰亂區。
- 如果嬰兒拒絕哺乳、不想讓她關心或如何安撫都無效，此時母親會有被人拒絕的感覺。

與主要照顧者分離

人之所以會遭受毒性壓力，另一項原因是與主要照顧者分離。注意，此處的主要照顧者可以和母親互換，因為在某些狀況下，母親有可能並非主要照顧者或嬰兒的依附對象。

幼兒期與主要照顧者分開，可能會比士兵面臨戰鬥更可怕，因此某些人在成年之後與別人分開時會經歷「瞬間重歷其境」（flashback）、「恐慌症」（panic disorder）或「社交焦慮」（social anxiety）。而與主要照顧者分離的例子如下：

- 嬰兒在重症監護室接受治療，或早產後被安置於保育器，因而幾乎沒有與母親接觸；母親剖腹生產後還在麻醉中或身體很虛弱。
- 嬰兒被帶離母親去進行割禮。
- 嬰孩由傭工撫養長大。
- 嬰孩被收養或安置在寄養處、孤兒院或寄宿學校。
- 兒童受到虐待而被其他人從家中帶走。

產前或分娩創傷

另外，下列任何一項都可能被記錄在嬰兒逐漸成熟的大腦，從而導致童年創傷經驗：

- 婦產科檢查、故意刺破羊膜囊、連接頭皮電極、在子宮內採集頭皮血液，或者其他子宮內檢查。
- 被鑷子取出、被抓住腳後跟倒置、被放置在冰冷的秤子上、被氣管抽吸、腳跟被切開放膿、早產、呼吸時被綁住或固定、插入餵食管，且這些通常是在沒有鎮痛的情況下進行。
- 出生時臍帶繞頸；母親分娩漫長痛苦、剖腹生產或臀位分娩。
- 有人將直腸溫度計、栓劑或浣腸劑用在嬰兒身上。

嚴重事故、傷害、疾病或痛苦的醫療程序

導致童年創傷經驗的另一個因素是事故、傷害、疾病或醫療程序。人在嬰幼兒時期便經歷可怕的手術可能會受到創傷。例如：在1987年以前，外科醫生誤以為嬰兒不會感到疼痛，所以通常不會給嬰兒鎮痛便對他進行手術。

將童年事故、受傷、疾病或醫療程序的記憶導入有意識的情境，然後加以處理和化解，通常可以減緩成人時期的病症。而以下的段落，能讓你更加了解自己需要癒合的傷口有哪些，而本書會不斷回顧這項過程。

反思你的童年創傷經驗

回顧一下你的童年創傷經驗分數量表、擴充的童年創傷經驗意識量表和「嬰幼兒的特殊情況」。選擇三個你能記住的童年創傷經驗。將它們寫在空白處，接著回答以下的問題來反思經驗，但不要評斷自己。

童年創傷經驗＃1 _____

1. 這個經驗提供了關於你自己的何種訊息？它如何影響你感受自己的方式？或者如何影響你感受他人的方式？甚至如何影響你感受世界的方式？

   _____

   _____

   _____

   _____

2. 你如何處理這些訊息？

   _____

   _____

   _____

   _____

童年創傷經驗＃2 _____

1. 這個經驗提供了關於你自己的何種訊息？它如何影響你感受自己的方式？
   或者如何影響你感受他人的方式？甚至如何影響你感受世界的方式？

   _____

   _____

   _____

   _____

   _____

2. 你如何處理這些訊息？

   _____

   _____

   _____

   _____

童年創傷經驗＃3 _____

1. 這個經驗提供了關於你自己的何種訊息？它如何影響你感受自己的方式？
   或者如何影響你感受他人的方式？甚至如何影響你感受世界的方式？

   _____

   _____

   _____

   _____

   _____

2. 你如何處理這些訊息？

   _____

   _____

   _____

   _____

第2章
創傷與大腦之間的關係

　　童年創傷經驗傷害身體的機制，始於「壓力反應」。當我們受到威脅或挑戰時，大腦會為我們做好準備進而行動：不是挺身對抗威脅，就是逃離威脅。此時，心臟會跳動得更快速強勁，以便將更多的血液輸送到肌肉。葡萄糖被打入血液以增加肌肉的燃料，呼吸道也會吸入更多的氧氣，幫助肌肉燃燒燃料；以上這些和許多其他的相關變化，都是為了讓人能迅速移動。在理想的情況下，危機會過去，我們也會消耗壓力反應的能量，最終使身體恢復正常。

　　由此可見，**壓力反應有助於我們在短期之內度過危機。反之，如果威脅很大且持續非常久，身體就無法恢復正常**，這時會出現什麼情況？答案是：原本要挽救生命的反應卻成了問題。這種類型的壓力，就是是心理學家所說的「失調壓力」（dysregulated stress），而它就是童年創傷經驗之所以會影響健康的核心。失調壓力（也就是過度或長期的壓力）會破壞身體的各種系統：荷爾蒙、心血管、免疫、炎症、遺傳和神經系統。現在，就讓我們來看看究竟失調壓力是如何擾亂各種身體系統。

荷爾蒙系統

　　皮質醇（cortisol）是一種主要的壓力荷爾蒙。人們受到壓力時，皮質醇會將身體的蛋白質轉化為葡萄糖，替戰鬥或逃跑提供能量，同時讓血壓升高。這些變化在短期內是有益的，因為它們向肌肉輸

送葡萄糖、氧氣和血液。然而，一旦壓力長期存在，皮質醇就會容易產生變化，使我們保持在高度警覺或延長戰鬥或逃跑的能力。而隨著時間的推移，這些變化中有許多狀況會危害健康，例如：

- 血壓和血糖升高會導致心血管疾病和糖尿病。
- 脂肪逐漸累積之後，會使人更想要攝取糖分和脂肪。
- 蛋白質轉化為葡萄糖之後會抑制免疫力，進而妨礙神經、甲狀腺和肺組織的發育。
- 打亂睡眠品質，讓人隨時保持清醒和維持在警戒狀態。
- 隨著與推理和適切儲存記憶相關的大腦關鍵區域的神經連接越來越弱，認知功能和情緒也會跟著被打亂。如此一來，就會出現惡性循環，亦即：壓力破壞睡眠，進而擾亂情緒和注意力。

除此之外，毒性壓力還會破壞調節生殖、生長和體重的荷爾蒙。由此可見，如果身體過早和長期處在皮質醇分泌過剩的狀態，無論身心，都會造成極大的損害。

免疫系統

健康的免疫系統會產生十分微妙地平衡狀態，亦即：既不會過度反應，也不會反應不足。然而，毒性壓力會破壞這種微妙的平衡，例如：炎症和壓力一樣在短期之內對人體有益，能破壞病原體，使受損的細胞更快被修復，反之，若身體長期處在發炎狀態，身體就會一直處於警戒狀態而無法完全康復。

而當我們在童年時承受了毒性壓力，免疫系統其區分敵我的能力就會被削弱，如此一來，到了長大成年之後，免疫系統就可能會出現任意攻擊健康組織，或使身體持續發炎的情形；而這種情況與自

體免疫疾病、過敏和哮喘之類的疾病，十分相似。另外，大腦的神經炎症，則有可能會造成阿茲海默症和憂鬱症。

為什麼會這樣呢？因為在調節免疫系統時，皮質醇扮演著關鍵的作用。過多的皮質醇會抑制免疫力，降低人體對感冒、流感和其他感染的抵抗力。**而如果人體長年承受毒性壓力，就會釋放大量的皮質醇，導致免疫系統反應過度，提高我們罹患自體免疫和炎症性疾病的風險。**尤其，兒童時期的皮質醇一旦超過身體的負荷量，就會降低免疫系統區分敵我的能力，嚴重影響健康。

基因和表觀基因組

人體內有數以萬億計的細胞，每個細胞都會根據 DNA 鏈的遺傳基因密碼來如實地複製。一般而言，我們通常會認為，基因決定了一個人是否容易罹患疾病；然而，近來研究人員發現，**毒性壓力與細胞內的活動有密切關連。**根據研究結果顯示，只有大約 5% 的疾病完全由基因決定，大部分的其他疾病，則反應出基因和表觀基因組（Epigenome）的相互作用所致，而表觀基因組更是扮演其中的關鍵角色。

表觀基因組位於 DNA 鏈旁邊，它就像檯燈的調節開關，能打開或關閉基因，同時調節基因的活動能力。為此，表觀基因組在塑造大腦和身體發育上會發揮關鍵的作用。而在童年時期的毒性壓力會影響表觀基因組，進而影響大腦發育，如此一來，大腦就會保持在高度警覺並對壓力反應過度，但也會變得無法調節情緒，使人更容易罹患心理疾患。更甚者，一旦表觀基因組被毒性壓力所改變，就會影響一生的基因表達，甚至可能代代相傳，讓子孫更容易罹患與壓力相關的疾病。

幸好，表觀基因組具有可塑性，換言之，雖然毒性壓力會讓表觀基因組變得更糟，但我們同樣也可以透過本書所提供的修復策略去改變表觀基因組，使其有益於你，而且成效通常很快就會顯現了。

端粒

　　端粒（Telomere）是染色體末端的 DNA 分子。試想，鞋帶的尖端有塑膠套，而這種套子能避免鞋帶散開。端粒也一樣，它就是像一個套子能保護 DNA 鏈，同時，確保細胞可以正常複製。如果端粒更長，就更能預防細胞死亡，以及避免炎症、氧化壓力（oxidative stress）和提早老化。

　　不過，端粒會隨著壓力的累積和人體老化而漸漸縮短，其中，若遭遇童年創傷經驗或感受到威脅、匱乏和失敗，就會處於壓力之下；換言之，**童年創傷經驗會造成端粒縮短**。另外，吸菸、飲酒和缺乏運動也是導致端粒縮短的常見壓力源。而一旦端粒縮短，就會改變發育中的大腦，導致監督皮質醇調節的基因沉靜下來，造成調節執行功能的大腦區域遲緩，以及調節壓力和炎症區域之間的神經連接斷裂。

　　不過，只要增強端粒酶（telomerase），就可以保留或延長端粒。至於有利於改變表觀基因組的活動，例如：運動、冥想和培養同情心和保持愉快心情，也能同時提高端粒酶的數量。而在本書中，會詳細說明和介紹該如何做到這些。

神經系統

　　從母親懷孕的最後妊娠期至嬰兒出生後的前 3 年，對人類大腦的發育至關重要。此時嬰兒的大腦處在快速成長階段，其每秒會形成超過 100 萬個神經連接。可想而知，一旦在這段人生早年重要的大腦形塑時期，遭遇了童年創傷經驗，將會如何嚴重影響日後的情緒健康。

　　左腦，是讓人處理工作和學習重要技能，例如：推理、開口表達，以及回憶事實不加油添醋的區域。然而，一直要到出生後的第 3 年左右，左腦才能完全連線完成，因此，我們可能無法完全記住

或回憶起那段幼年時期，或者無法將它們表達出來。

　　與此相對，調節壓力與情緒、學習人際關係的多數功能都在右腦中發揮作用。右腦，在出生後的前 2 年就會連線完成，且在出生後的前 3 年占主導地位，同時，繼續在第 3 年之後於情緒過程中保有主導地位；所謂的情緒過程，包括處理情緒的無意識層面。

　　除了調節壓力和情緒之外，右腦還負責處理和儲存下列出的線索。請注意，多數線索是非語言的且潛藏於意識之下，尤其當它牽涉童年印記時，更是如此。

- 非語言的交流，包括：圖像、面部表情和手勢。
- 感官，包括：聲音、觸覺、壓力、視覺、嗅覺、味覺、疼痛和振動。
- 對身體狀態及其與情緒聯繫的認識，例如：心臟或腸道如何體驗「情緒喚起」（emotional arousal）。
- 生存傾向。例如：承受毒性壓力之後，可能一遇到壓力就會奔跑逃走、起身戰鬥、身體僵住、弓背警戒或收緊腸道。
- 「自我覺察」（self-awareness）、基本的自我意識和「內隱記憶」（implicit memory，以下會進一步討論）。

　　另外，在出生後的前 3 年，自尊也會被烙印在右腦，同時**隱藏**在意識之下，但這種印記通常不會對邏輯或文字有所反應。

　　後續我們將進一步討論如何重新連接童年印記，但方法不是透過邏輯和文字，而是藉由其他相關策略，這些策略涉及心像、情感和基於身體的技能。

什麼是內隱記憶？

　　了解什麼是內隱記憶，就能進一步全面認識影響我們情緒的神經系統。左腦處理和儲存「外顯記憶」（explicit memory），也就是

可以有意識地回憶以及用文字、枯燥的細節和適當情緒所描述的記憶。右腦則會處理和儲存「內隱記憶」，這些內隱記憶是非語言的，儲存在意識之下，保有強烈的情緒基調和感覺。

關於內隱記憶，你可能會有一種深刻而普遍的感知，那是一種莫名的恐懼，一種認為自己不夠好的感覺，一種認為某些地方不對勁的感覺，一種處於邊緣或自我厭惡的感覺；你可能會有上述這類感覺，或者身體深處能隱約察覺到它，卻無法用語言表達，也不知道它源自何處，而且可能也會有逃跑或躲藏的衝動。

在下一章，我們會說明在童年創傷經驗的作用下，這種感覺可能會在出生後的前 3 年牢牢印記在右腦之中。**被人虐待的記憶可能會被最初的情緒、感覺、景象和本能感覺鎖住，而這些感覺可能是無助、憤怒、焦慮或羞恥，讓你以為你就是這樣的人。**這些隱藏在記憶中各種層面的感覺，都可能被眼前的事件觸發，而這些事件會喚起相同的情緒、感覺和難以言喻的感覺。關於這一點，我們會在第 3 章進一步討論，並從中解釋童年創傷經驗的心理學。

事實上無論幾歲，一旦遭受巨大的壓力，都會形成內隱記憶，只不過它們尤其能在左腦成熟之前的人生最初幾年，留下深刻的印記；也就是說，**越早有童年創傷經驗，記憶就越有可能被儲存為內隱記憶。**大腦的關鍵區域負責調節壓力和情緒、以適當的情緒儲存記憶，以及將記憶傳輸到可以有意識回憶和表達它們的區域，而童年創傷經驗會透過表觀遺傳的影響，來妨礙這些關鍵區域的發育。

當毒性壓力占據負責語言表達、推理、鎮靜和感覺整體現實的關鍵大腦區域時，內隱記憶也可能在生命的晚期形成。在最可怕的情況下，大腦只會命令你去戰鬥或逃到安全的地方，因為前面剛提到的其他功能對於求生存來說，並不重要。

外顯記憶往往會隨著年齡增長而消退，但內隱記憶卻不會。誠如前述，**內隱記憶一旦形成，就隨時都可能會被眼前的事件所觸發。**這些記憶不是由邏輯思維的心智管理，所以會伴隨最初經歷時相同

的情緒和感覺浮上心理。因此，老闆的批評咒罵對你而言，可能就像小時候被挑剔的父母嚴厲斥責一樣，即使被批評的成年人現在「成功了」，他仍然會有這種感覺。為什麼會這樣呢？因為內隱記憶沒有固定並位於語言和邏輯的大腦中，換言之，語言或邏輯之於內隱記憶的影響，可說是微乎其微。不過我們很快就會知道，可以採取哪些其他方法來應對這樣的內隱記憶，這些方法主要針對的不是邏輯和語言的左腦，而是調節情緒、圖像和身體感覺的大腦區域。

以下的練習，將幫助你用一種平靜、接受和不加評斷的方式去感受內隱記憶，進而開始去管理它們。

如何感受並找出內隱記憶？

1. 你是否有時會有不愉快的感覺、想法或行為，卻不知道為什麼會這樣？不要去判斷這是好是壞，只要懷著好奇心去注意這一點。寫下相關的文字。你經歷到什麼？在什麼時候？身體的哪個部位會特別有感覺？

   _____

   _____

   _____

   _____

2. 現在想像一下，你明天醒來時會感覺不一樣，而且會非常愉快。那會是什麼樣的感覺？你會在身體的什麼地方有這種感覺？

   _____

   _____

   _____

   _____

第 3 章
童年創傷如何影響心理狀態？

　　最近，我去了一趟雜貨店，排在我前面結帳的是一位母親和她的 4 個孩子。2 位年紀較長的孩子手腳俐落，幫忙母親掃描購買的物品；他們偶爾也會對坐在推車上、2 個較年幼的弟妹微笑，並安撫他們。這些孩子散發出一種安全感以及發自內心的平和喜悅；孩子們似乎心心相繫，也與母親心連心，彼此輕鬆互動。其中一個大一點的孩子發現我在微笑，也用帶著笑意的眼神回應我。我心想：「這群孩子能如此安全地依附彼此，真的非常幸運。」

　　依附——無論是「安全型依附」（secure attachment）或「不安全型依附」（insecure attachment），對於自我意識發展和大腦的運作方式，皆有至關重要的作用。一般而言，安全型依附會以各種方式強化個體，然而，童年創傷經驗通常會導致依附中斷，從而傷害成長中的孩童。現在，先讓我們來認識何謂安全型依附。

安全型依附

　　依附，反應出一種人類與生俱來的渴望，想以正常愉悅的方式和父母或照顧者建立親密的關係。依附的對象可以是父母親、祖父母、兄弟姐妹或其他人，但多數嬰兒在感受痛苦時，更喜歡從母親身上獲得安慰；而當嬰兒與 2 位令他感到安全的照顧者建立關係的情況下，會活得最為健康正常。*

＊註：由於實際情況各異，並且要遵循美國神經心理學家和依附研究者艾倫‧肖爾（Allan Schore，2012 年）的實務經驗，本書會交替使用「母親」和「主要照顧者」這 2 個術語；「父母／雙親」、「主要照顧者」和「父親」也會互換使用。

也就是說，**若嬰兒在出生後的最初幾個月內，持續感受到主要照顧者的關愛，就能與照顧者形成深厚的情感紐帶，而這就是安全型依附**。照顧者能讓嬰孩感到安全、讓他覺得自己受到保護和重視。要做到這點，方式有很多種，比如：擁抱、肌膚接觸和親吻；藉由目光和表情表達愛憐；透過安全、有節奏的手勢和聲音；隨時滿足嬰兒的需求；微笑、大笑以及和孩子一起玩樂。只要照顧者夠敏感，能不斷滿足嬰孩的需求，孩子就會知道照顧者隨時會照顧他，而且不會拋棄他。

這是一種感覺，無法回憶。因此，安全型依附在嬰兒出生後的最初幾個月內，就會烙印在嬰兒處理感覺和情感的右腦，且往往會持續一生。這些印記形成於嬰孩出生後的最初幾個月，那時左腦的語言和邏輯區域尚未發育完全，而這也是為什麼新生兒即便不懂文字，卻依舊能感知，留下非語言的訊息。

因此，如果嬰兒感到安全，能依附和諧的父母，就會內化成以下的訊息（這偏向一種感覺，不是靠理智理解）：「我被人關愛，我很重要，我有價值，因為生我的人很重視我。」早在對事件的記憶形成之前，嬰兒就對愛的感覺有了印象，如此一來，成長中的孩子就會像媽媽愛他一樣，去愛自己。

基本上，安全型依附會以好的方式改變大腦，讓我們長大成人以後可以：

- 擁有更強的自尊和強烈的自我意識。
- 身心更為健康。例如：安全型依附能預防創傷後壓力症候群。
- 對自己的情緒和身體的關係，有更好的體察和連結。
- 更強的復原力和信心。
- 更能忍受和調節痛苦。由於嬰兒將母親的平靜態度內化，從而使其神經系統更加平穩。換言之，嬰孩會從安撫他的母親那裡，學會如何自我安撫。發育中的嬰孩感到痛苦時，只要母親能迅速回到他的身邊，他就能學會不要反應過度，因為

他知道「干擾一定會被化解」。

- 更能信任他人並易於他人產生連結。他人和這個世界是安全和可預測的，這與其在嬰兒時期和主要照顧者的經歷一致。
- 更可能認為上帝是慈愛的。

簡而言之，嬰兒時期形成的愛戀紐帶對成年人有很大的好處。這就是為什麼美國知名精神科醫師丹尼爾‧席格（Daniel J. Siegel）會一再反覆強調：「要培養孩子的心智，培育孩子的心靈。」與此相對，如果嬰孩沒有體驗到這些安全的愛戀紐帶時，又會發生什麼事情呢？

不安全型依附

童年創傷經驗，會妨礙健康的兒童與照顧者發展良好關係，使孩童產生不安全的依附感，這是一種害怕不被關愛的感覺。依附中斷所造成的內在創傷，通常會在嬰兒剛出生的最初幾個月內根深蒂固。而當嬰兒因依附中斷而飽受壓力時，會產生 2 種變化：

（1）大腦會一直保持在高度警戒狀態。

（2）自我健康意識會受損。

為什麼會這樣呢？飽受壓力的母親（也許她心繫其他事情、忽視嬰兒、內心受創、會拒絕或虐待別人），沒有以關愛的方式與嬰兒完全聯繫，如此一來，會使嬰兒產生壓力，於是嬰兒就會分泌更多的皮質醇。**而皮質醇的表觀遺傳會影響嬰兒早期的右腦發育，深深牽扯感知和調節身體的神經；換言之，有害的變化會發生在調節情緒、壓力激發和自我意識的區域。**研究發現，這些變化與焦慮和創傷後壓力症候群所造成的變化一致，會影響人們日後對壓力的反應和自我感受的方式。更糟糕的是這一切都在暗中發生，當事者不會意識到。

另外，值得注意的是，依附中斷導致的自我意識受損，可能會隱含在非語言的右腦中，且通常會發生在出生後的第 18 個月之前。

例如：嬰兒可能會將照顧者厭惡的表情或憤怒的語氣內化，而這些內化所產生的訊息，會儲存在右腦中；這些訊息，可能是令人不安的圖像、讓人不適的身體內部狀態、令人痛苦的情緒、難以描摹的自我厭惡，或受到壓力時會為了求生存而立即繃緊肌肉。

與此相對，由於在嬰兒時期被毒性壓力破壞的自我意識並不存在於語言、邏輯的左腦，也因此，往後單靠文字和邏輯通常無法有效改變它。不過，我們仍可抱持希望。

誠如安全型依附往往會持續一生，即使人在困難的情況下也是如此，同樣地不安全型依附也具有可塑性，能轉變為更安全的方式。

而要想改變依附的方式，首先要以平和、不帶偏見的角度去理解什麼是依附。因此，現在要請各位先進行以下「你是否為不安全型依附？」的測驗，了解自己是否有這樣的情形。

> 孩童年幼時若受到嚴重的創傷，就會擁有同等強烈的因應機制，使得這些孩子通常被視為「太早熟」或「老靈魂」。
> 或許確實如此，但一般人通常不知道他們之所以會這樣，是因為他們在年幼時就被剝奪了純真，而如今他們正處在「生存模式」的狀態。
>
> ——美國知名身心靈作家
> 阿齊亞·阿契爾（Azia Archer）

「我，有不安全依附的問題嗎？」

人們對於依附中斷的反應不盡相同，童年時期的不安全型依附，會導致各式各樣的的成人模式；而在這些症狀之中，也有許多可能會發生在潛意識中。如果想更清楚了解不安全型依附如何影響你目前的生活，請勾選下面符合自身狀況的項目。注意，過程中只需要勾選引起你好奇的項目，不要對項目的描述進行任何的評判。

■ 喚起你的情緒和身體反應

我曾經歷過……

☐ **難以調節情緒**：焦慮，包括：驚恐發作、分離焦慮、恐懼遭到遺棄和社交焦慮；憂鬱；憤怒；感到不知所措、無助或恐懼；無法忍受孤獨；難以體驗正面的情緒。

☐ **喚起高壓**：坐立難安、容易受驚、注意力不集中或難以入睡、易怒、無法平靜；或者麻木、崩潰、毫無反應、無精打采。

■ 你如何感受自己？

根據美國神經科學家露絲‧拉紐斯（Ruth Lanius）的說法，童年創傷經驗會傷害人的基本自我意識（亦即你的核心身分），並可能以下列方式表現出來：

☐ 自尊心脆弱，例如：感覺自己有缺陷、不成熟、不夠好、不可愛、沒能力、徬徨無助。

☐ 自卑、討厭自己、厭惡自己。

☐ 感到空虛，認為一切都是虛無，缺乏自我意識。

☐ 感覺自己不正常。

☐ 感覺心死絕望。

☐ 感到孤立、疏離、孤獨；被人拒絕，與他人脫節；覺得你不屬於自己、無法「輕鬆自在」。

☐ 認為自己無法好好與人相處；感覺自己毫無價值或者不夠好。

■ 你的世界觀

我覺得……

☐ 這個世界並不安全。

☐ 我找不到任何真正的歸屬感。

☐ 掌權的人物使我心生恐懼或感到不舒服。

☐ 與人相處很可怕。

☐ 不值得信任或指望他人。

■ 你的應對方法

我……

☐ 對於別人的批評或拒絕非常敏感。

☐ 實際上非常痛苦卻裝得一臉平靜。

☐ 假裝自己很成功（我外表看起來很成功且充滿自信，內心卻感覺一團糟）。

☐ 使用極端且不靈活的防禦方式，好比：自我保護、遠離他人、非常獨立；或者讓太多人進入（我薄弱的內心世界）；極度依賴他人。

☐ 經常對自己或他人感到不滿意。

☐ 以下列方式彌補自己毫無價值的感覺：

　☐ 自戀──外表裝得很優越來掩飾脆弱的內心。

　☐ 躲起來保護自己──像收斂的紫羅蘭一樣隱身；遠離別人。

　☐ 嚴厲批評自己或他人。

　☐ 要求別人關心（因為剛出生就沒有獲得關注）。

　☐ 追求完美和超群的成就（過度追求財富、一直要和別人競爭，以及過度節食瘦身來維持外貌等）。

　☐ 逢迎拍馬。

　☐ 逃避問題或挑戰；容易放棄（害怕一旦失敗，自己或他人會失望）。

☐ 移情困難，缺乏同理心（年幼時沒有建立移情／同理心的心態）。

☐ 不能容忍消極甚至積極的情緒；情緒麻木，隱藏自己的感情，因為害怕別人不會接受或承認。

☐ 難以用言語表達情緒，取而代之的是透過身體症狀表達情緒，例如：哮喘、腹瀉、感染、皮膚出狀況、疼痛和崩潰等。

☐ 過於情緒化，一遇到挫折、感到失望、被人忽視、遭受批評時，就會反應過度或歇斯底里。

☐ 壓抑或忽略痛苦的感覺；沒有任何感受；過於理智或智力過強；否認或逃避不愉快的感覺。

☐ 難以和他人聯繫或合作。

☐ 感到痛苦時會使用物質來自我治療（藥物似乎比人更加可靠）。

☐ 吸食毒品、自殘、任意性交或從事其他危險的行為、對某些東西成癮來傷害自己，或者甘冒自我傷害的風險（請各位注意，類鴉片藥物〔opioid〕不僅能消除身體的疼痛，也可以化解因分離或結束一段人際關係而產生的心靈傷痛，而自殘，則會釋放「類鴉片」*，因此，有時自殘可視為當事者渴望愛的表現。另外，根據學者研究，若與人發生溫暖的接觸，體內也會釋放類鴉片）。

■ 你的姿勢

如果有其他人看著我，他們會認為我的姿勢是……

☐ 僵硬的（自我保護）。

☐ 情緒低落（那些知道照顧者不會回應的人，經常會有這種情況）。

■ 說出或沒說出的訊息

年幼時若沒有被好好養育，身體就會有根深蒂固的訊息，而這些訊息往往比你想像中的更容易感受到。不過，隨著日漸成長，這些感受可能會以言語或非語言的方式表達出來，例如：

☐ 我感覺自己有點不對勁。

☐ 我基本的自我核心被人深深地破壞了，永遠難以癒合。

☐ 我無足輕重。

☐ 我很不好，內心空虛。

☐ 我被當作垃圾對待，所以我一定是垃圾。

☐ 我沒有歸屬感。

☐ 我讓照顧者不高興，所以我不該被人愛。

☐ 我很壞。

☐ 我很無助。

☐ 我不如別人。

---

*譯註：痛苦會刺激中樞神經系統，使其釋放內啡肽。

- ☐ 我有缺陷，一文不值。
- ☐ 這個世界很危險；不好的事情即將發生；要保持警覺（難以言喻的恐懼感）。
- ☐ 我的感受無關緊要；沒有人在乎我的感受。
- ☐ 與人相處很不自在。
- ☐ 我必須完美，別人才會愛我。
- ☐ 我還不夠好；應該要更好。
- ☐ 如果我不完美，我就是個失敗的人。

■ 你的創傷症狀

我經歷了……

- ☐ 噩夢、瞬間重歷其境或其他侵入性記憶（這些通常是非語言的、可見的和身體經歷的；有這些訊號就表示前述記憶未經處理或不穩定）。
- ☐ 我關閉自己愛戀和快樂的天性，會過度警惕、容易受驚嚇或發怒，以及過於活躍。
- ☐ 根據狀態而身處壓力之下。壓力（或想起過去的壓力）會喚起內隱或外顯記憶，連同引發原始情緒、感覺、生存衝動和內臟反應（這類內臟包括腸道、心臟、胸部、喉嚨或肺部）。因此，若是被重要的人忽視，可能會引發年幼時被照顧者忽視的感覺。或者，回家探訪時可能會觸發自己不夠好的感覺。
- ☐ 解離（dissociation）：感覺自己或周圍的世界是不真實的；一旦處理讓你感到有壓力的事情時，會感覺自己正在遠離自己的身體或現在的時刻。
- ☐ 麻木。
- ☐ 兩眼發直；「凝視對方，但眼神空洞。」
- ☐ 在極端之間來回跳躍（「我站在世界之巔或我陷入泥淖」，「我愛的人是天使，或﹝當他／她讓我失望時﹞他／她十分卑鄙。」）。

了解不安全依附對自身的影響

只要了解你的一切反應是有道理的、是其來有自的，就能使人感到安心。依附中斷經常會讓人做出上述這些可以理解的反應，大家都一樣，許多人在遇到依附中斷時也會有類似的反應。**而你在本書中將學會如何以同理心看待這些反應，並減輕它們對你的影響。**另外，你的照顧若沒能滿足你年幼時期的需求，你還將學會如何加以彌補。

為了讓你在這個過程中更順暢，讓我們先探討一下，究竟良好的照顧者能提供什麼以及他們是如何做到的。

悉心照顧嬰兒所能產生的力量

在這個段落，會讓各位進一步了解照顧者在建立安全型依附時，所扮演的重要角色。而在深入理解之後，就明白為什麼要練習本書第2篇～第5篇的各種技巧。我們將著眼於探討母親和父親重要性的研究，因為迄今為止，幾乎所有的研究都集中在兒童對父母的依附關係。

然而，請各位記住，其他懷有愛心和真誠待人的成年人，若能持續和孩童維繫積極的關係，也有助於滿足嬰孩的依附需求。另外，也要請各位記住，如果你的照顧者沒有適切滿足你的依附需求，你最好學會扮演「善待自己」的好父母。

以下是我們從各式研究中了解到，關於嬰兒與父母的安全依附關係，為什麼如此重要的原因。

2004年，學者瀧川（Takikawa, D.）發現，**嬰兒從一出生開始就有意識，知道自己是否被人需要和受人關愛。**嬰兒一生下來就在尋找大人、鎖定母親的臉、想要被人擁抱，而大人看到之後就會回應他們。母親哺乳嬰兒時，兩人保持15～30公分的距離，彼此形成了靈魂與靈魂的聯繫，這是一種非常神聖的融合。

嬰兒有一種天生的衝動，想要平靜安詳地吸食母乳、感受母親溫暖的皮膚，以及被父母抱在懷裡的舒適感。孩子若以這種方式受到照顧，就會感到很高興，知道自己受到歡迎、被人需要以及受照顧者關心，如此，他們的需求才會得到滿足。

　　基本上，多數的依附理論研究都在探討母親與嬰兒的關係。這種母子／母女關係非常重要，資料詳實，有據可查。母嬰關係會在嬰兒出生後的第 1 年形成，而在嬰兒出生後的最初幾個月，嬰兒通常更喜歡向母親尋求安慰。然而，也有研究指出，依附整體功能最完善的孩子具有 2 種安全的依附關係，亦即：母親和父親能互補，相互影響孩子。

　　母親的影響從一開始就至關重要，但性格沉穩的慈愛父親從一開始也能有獨特的貢獻，而且隨著孩子日漸長大，父親的貢獻也會越來顯著。例如：有研究發現，父親去醫院看早產兒的次數越多，嬰兒出院的速度就會越快。此外，嬰兒的左腦（包括言語中樞）會在出生後的第 2 年開始，突飛猛進；在此期間，嬰兒會開始與父親進行更多的互動，而父親往往會影響左腦，且其影響力會超過母親。例如：只要父親在嬰兒出生後的最初幾個月唸書給孩子聽，孩子到了 3 歲時就會使用更高級的語言。與此相對，父親若在孩子出生後的第 2 年缺席照顧，就可能會比在他生下來後的第 1 年缺席所造成的後續危害更大。

　　另外，慈愛的父親若能參與孩子的成長過程，還可以達到下列的好處：

- 關愛和認可孩子，讓他更有安全感和提高自尊心。2011 年，學者肯德里克（Kendrick）等人指出，**孩子若沒有得到父親的認可，其終其一生可能都會努力想贏得別人的認可**。與此同時，父親也能讓母親更快樂，使她更能扮演稱職的母親，從而間接促進嬰孩的依附安全。
- 協助孩子提高復原力和增加他們的智商，同時降低嬰孩長大

後罹患精神疾病、吸毒、自殺、學業不良、行為障礙和犯罪的風險。根據學者研究，男孩若生長在沒有父親的破碎家庭，其學業表現似乎會特別差。

- 協助灌輸孩童道德感、讓他遵守規矩、控制行為、有自尊心和責任感、願意去冒險、樂於服務別人、抱持同理心，以及認可自己的性別。

- 教導孩子們如何玩耍、與人競爭和抑制自己的攻擊性。例如：孩子粗暴對待有愛心的父親時，可以了解什麼是安全的行為、什麼是不合適的行為。

- 稍微刺激孩子並挑戰他們，讓孩子在學習探索和克服危險時建立自信（母親往往會保護孩子的安全）。

- 提供精神支持和作為榜樣。例如：如果父親定期參加宗教活動，孩子長大後參加禮拜的可能性會比父親不參加宗教活動的孩子，高出 10 ～ 20 倍；這與母親是否參加宗教活動和出席的模式毫無關係。

- 幫助女兒建立健全觀念，能適當看待地性和自身女性特質、信任異性並能與男性交往。在父親關愛下長大的女兒更可能會覺得自己值得被愛，較不可能以不健康的方式去尋求愛。

由此可見，如果父母這兩位主要照顧者都很稱職，就能在孩子成長時深切影響他們的發展。然而，如今許多父親越來越容易缺席子女的教養過程，也許是因為與妻子離婚或全心投入於工作、只想玩樂，或者礙於自己的童年創傷經驗而飽受痛苦。父親就像母親一樣，也可能因精神疾病而缺席，例如：根據學者研究指出，10%的父親曾經歷產後憂鬱症。

遺憾的是，基於各種原因，許多父親有時不知道他們教養孩子會對孩子的發展有多麼重要。例如：若父親在嬰兒出生時在場，往往會與孩子建立更多的聯繫。有學者指出，如果父親在母親懷孕期間缺席，嬰兒更有可能早產或出生體重較輕；如果父親在母親懷孕

期間死亡，甚至會增加嬰兒罹患精神分裂症的風險。

　　如果你在幼年時期沒有關愛和養育你的父母，請振作起來！接下來很快就能進行心像練習，讓你體驗到父母親會提供的理想關愛，重塑大腦，讓你感覺自己似乎真的經歷過那種充滿愛的養育過程。

關於「童年創傷心理學」的 3 個層面

　　有關童年創傷心理學的研究，有 3 個重要的探討主題：一是「內在安全感」（inner security）、幼兒時期之後發生的童年逆境經驗（ACEs occurring after the earliest years）和羞恥感（shame）。了解這些主題的核心，有助於為第 2 篇～第 5 篇的實作練習奠定基礎。

內在安全感

　　這個世界無法預測，所以能感到安全是很珍貴的禮物。根據字典中的定義，所謂的「安全」（security）是平靜和免於恐懼、無需懷疑以及過度在意別人的論斷；這是一種安全感、確定性或自信，知道自己不會過度受到威脅，而這種感覺堅固、強大和穩定，且不太可能輕易消散。

　　我們透過學習技巧、累積經驗和汲取資源，就能獲得外在安全來抵禦外部威脅。而這種類型的外在安全包括：

- 財務安全：有足夠的金錢和財富（試想社會安全制度〔Social Security〕）。
- 人身安全：生活在安全的家庭和社區，能保護自己或請求他人保護你
- 關係安全：夥伴會努力留下來並相互扶持。
- 工作安全：對自己的就業和教育充滿信心。

　　這些外在形式的安全性很重要，也值得追求。然而，由於這個世界難以預測，外在安全永遠不可能百分之百確定；為此，本書著

眼於內在的情緒安全。當我們遇到困境時，讓我們繼續前進的就是內在安全，它是我們唯一可以持續依賴的安全形式。

內在安全更難定義，因為肉眼看不見，但你能如此感覺它：

- 一種平靜的感覺：感覺安定，沒有混亂；即使世界混亂，內心依舊平靜。
- 定錨於自我價值：不受外部事件影響，例如：股市的漲跌。
- 自我接納：儘管自己有缺點，依然能欣賞自己。
- 很高興能成為你自己：當攬鏡自照時內心充滿喜悅、感情和懷有自尊，不必自我懷疑或感到羞愧。
- 生活雖有不可避免的挑戰，但依然感到自在，不會過度擔心；相信自己可以妥善處理多數的事情。
- 無論別人如何論斷自己，依舊心平氣和。畢竟，他們也是不完美的人。
- 接受自己會失誤和犯錯，別人也會虧待你，但你知道自己還有其他的可取之處。

> 我仍閉上眼睛回家，而我總能從中汲取靈感。
>
> ——美國知名歌手
> 桃莉・巴頓（Dolly Parton）

事實上，有時（甚至經常）感到不安全和不足是很自然的事情；只要身為凡人，誰都會有這種感覺。然而，**只要我們逐漸學習新的技巧和獲取更多的資源，就能充分感受到內在安全。**

你可以從原生家庭、長大後的愛情關係、精神資源和學到的關鍵應對技巧，在這混亂的世局中維持內在安全。如果你生而不幸，童年時沒有擁有愛戀紐帶和安全的依附經驗，你也可以學習去當自己的好父母，藉此滿足幼年沒能被滿足的需求，而這些正是本書的重要目標。

幼兒時期以後發生了童年創傷經驗，此時又該如何？

童年創傷的影響，會在幼年之後逐漸累積起來。人到了3、4歲時，左右腦都已經「上線」，亦即已充分發育和並能發揮作用。一旦孩童的大腦兩側都上線，童年創傷的進一步影響，如：缺乏自尊和感到羞恥等，就會隱含或明顯深植於腦中。也就是說，孩童與會嚴厲批評的父母生活，就會明確烙印或持續強化已經很低的自尊心。

羞恥感

有些人在世人眼中非常聰明、討人喜歡、充滿魅力，甚至功成名就，但他們卻非常厭惡自己；你身邊有這樣的人嗎？為什麼這些人會這樣？我們可以從羞恥感的角度去解釋這一點。羞恥感與不安全型依附，以及低自尊有著密切的關係，這兩者都是童年創傷所造成的影響。

首先，要先說明清楚一些概念，「羞恥感」和「內疚」不一樣。有邏輯的人可接受適當的內疚，承認自己犯了錯，並積極彌補過錯。然而，邏輯思維在幼年時並未完全發展，在兒童時期的後期，毒性壓力會使邏輯思維下線，因為人一旦生存遭受威脅時，大腦就不會重視邏輯，如此一來，就開啟了大門，讓羞恥感可以在內生根。

羞恥感是一種深植於內心的不好感覺，也就是「自我厭惡」或「自我蔑視」。如果人在出生以後的前18個月內反覆經歷依附中斷，便會透過情緒和身體知覺的方式，將羞恥的感覺暗中烙印在右腦。例如：照顧者若是虐待或忽視嬰兒時，嬰兒就可能會內化照顧者的非語言訊息，而這些訊息表示嬰兒不被重視且無關緊要。

真實的內疚能促進幸福，但羞恥感卻不能。羞恥是人感覺的一部分，會以各種方式與不安全型依附重疊，如附錄 B 所示。後續的章節也會再深入探討這個重要的主題。

基本上，一旦在年幼時有根深蒂固的羞恥感，通常就會去抹煞自己的外在成功，例如：事業飛黃騰達或受教育有成；無論你有多

麼成功，羞恥感都會一直潛伏在內心深處。無論你和他人如何說服自己，也無法化解這種羞恥感。而要化解羞恥感，不能只從心靈下手。各位很快就會知道，要接受、理解和同情，甚至重新連接與其相關的神經迴路，才能澈底化解羞恥感。在第 4 篇，我們會詳細介紹化解羞恥感的具體作法有哪些。

到目前為止，你學到了什麼？

研究結果非常明確：童年時期的創傷、依附中斷以及由此導致的自尊心低落，會改變你的心理狀態，並且在數十年後持續影響你的健康；現在你知道這些不舒服的感覺，為什麼揮之不去的原因了。2011 年，學者布里施（Brisch, K. H.）在其著作中，對於依附理論的研究做了一個中肯的結論：「依附過程，就是一種挑戰；它可能在人出生以前就開始了，甚至可能在受孕以前便開始，然後一直持續到老年。」不過，卻可能會在後來的童年創傷中導致依附中斷，造成不良的身心影響。

因此，不妨檢視一下你要面對怎樣的問題，建議去了解如何打破童年創傷經驗及其有害健康結果之間的聯繫。相信自己，你可以學習去重新連接你的大腦，使其更能承受壓力；其中「觀點取替」（perspective-taking）會有所幫助。

經歷童年創傷，並非全然是壞事；這些經驗可以激勵我們，使我們變得更強大，進而去學習我們當年所欠缺的新技巧。某些研究甚至指出，童年創傷經驗分數為零的人欠缺復原力，因此，與年幼時遭遇創傷的人相比之下，長大之後可能更容易罹患炎症和憂鬱症。

我有幸採訪了那些面臨過巨大困難而倖存的人，這些人常說，他們再也不想經歷以前忍受的經驗。話雖如此，但回想起來，拿再多的錢跟他們換取這些經驗，他們也不願意。記得，就算你有不愉快的經歷，也可以將這些轉化為你的優勢。

在後續的章節中，各位將可以用你目前獲得的基礎知識為根基，去發展技巧和策略，藉此療癒自己並增強復原力。你比你的上一代更幸運，他們可能一直重複有害的家庭模式，根本不知道有這些即將學到的技巧和策略。**你可以了解他們和你的照顧者爲何會這樣，從而使你成爲家族中的過渡人物來打破這種痛苦的循環。**即使是現在，你也可以發現自己的優勢，並利用自身經驗來療癒自己和變得更爲堅強。如果你在生活中的障礙比別人高，你可能得更加努力，花更長的時間去療癒，但一定會有所進展。你可以將本書視為關懷你的靈魂，也就是你的核心。雖然過去可能受到虐待或有不好的經歷，但你的核心仍完好無損，並且能持續改善。

當我們「用心」去理解這一切時，就更有可能發生建設性的改變。在你繼續往前邁進以前，請先完成以下的練習，來重新了解年幼時期的情況。

回憶我的家人

思考以下問題並以書寫的方式回答。不要論斷評判，只要去留意發生了什麼。你可以慢慢來，要平靜接受你的回應（並和善地接受你所經歷的事情），這是療癒過程的重要步驟。

1. 幼年時你住在哪裡？和誰住在一起？

_____

_____

_____

_____

2. 你家人喜歡彼此的陪伴嗎？

_____

_____

_____

_____

_____

_____

3. 家裡的成年人如何解決分歧？

_____

_____

_____

_____

_____

_____

4. 年幼時，有沒有人讓你覺得自己很特別？有沒有人讓你感到很安全？

_____

_____

_____

_____

_____

_____

5. 在年幼時，誰是你的主要照顧者？

_____

_____

_____

_____

_____

6. 你會如何描述他們？你能寫出這些人的優點和缺點嗎？

_____

_____

_____

_____

_____

7. 你和他們每個人的關係如何？

_____

_____

_____

_____

_____

8. 他們如何管教你？

_____

_____

_____

_____

_____

9. 年幼時若是心情不好，那時的你會怎麼做？會向誰尋求安慰？結果如何？

_____

_____

_____

_____

_____

10. 能描述第一次與父母分開的情況嗎？那時有什麼感覺？他們如何回應？

_____

_____

_____

_____

_____

11. 年幼時，你有沒有被父母拒絕過？如果有，你那時有什麼樣的感覺？

_____

_____

_____

_____

_____

12. 年幼時，你覺得做什麼事情最困難？

_____

_____

_____

_____

_____

13. 你的童年經歷對如今的你來說，有什麼影響？影響是好或壞？

_____

_____

_____

_____

_____

_____

14. 其他家人或照顧者對你有什麼影響？影響是好或壞？

_____

_____

_____

_____

_____

_____

15. 到目前為止，誰或什麼幫助你生存了下來？你有什麼內在優勢、興趣和
動機才能讓你度過難關？你身邊有哪些資源用來支持過你？

_____

_____

_____

_____

_____

_____

第 2 篇

創傷治療和自我照護的力量

第4章

不要放棄治癒的希望

　　任何人都可能因毒性壓力而不知所措和受傷，尤其在尚未學會應對技巧和大腦完全發育之前的幼兒時期，以及在沒有照顧者保護的情況下，更是如此。話雖如此，我們仍可抱持希望：毒性壓力所造成的每一種疼痛或傷害都能大幅減輕，甚至在創傷存在幾十年之後，也能治癒。為什麼呢？因為大腦具有可塑性，可以重新連線。因此，如果我們有勇氣去理解、同情和運用技巧來解決問題，隱藏的傷口就能被治癒。

　　從本篇開始，我將提供讀者各種有助於修復童年創傷的實際解決方案；所有的解決方案都能調節壓力反應、適當地改變表觀基因組和保留端粒。此外，**這些解決方案也會重新連線大腦，消除腦中有害的童年創傷經驗編碼，進而改變我們感受自己的方式。**

　　那麼，究竟是什麼方法，能治癒受到創傷的大腦？答案是：成熟的愛（不是時間）才是治癒劑！這種「愛」，有時候會改用其他的名稱，例如：關懷、尊重、接受、同情、慈愛、友善或關心，以上這些都能適當地改變大腦和身體。**愛可以軟化創傷的記憶，而我們獲得或創造出「被愛」的記憶，能讓我們得以忍受痛苦。**2009 年，全球最重要之一的神經科學家理查・戴維森（Richard Davidson），談到愛是如何重塑大腦的能力時曾說：「這一切都歸結為愛。」為此，如果你年幼時缺乏愛，請不要放棄；長大成人之後，依然可以學會如何去得到愛。

　　另外，**本書提供的解決方案，其治療的主要目標是讓身體和右腦**

（創傷所在的地方）感到安全與平靜。除了體驗成熟的愛，體驗安全和平靜也是創造重新連接和化解創傷記憶的條件。此外，感知也很重要。有些人認為痛苦是可怕的，且受到的創傷不可逆轉；有些人則認為痛苦是具有挑戰性的經歷，能使人獲得新的內在力量和應對技巧。兩方相比，前者會比後者表現得更糟。最後，復原力是指那些有效處理創傷的人，其內心的堅強和應對技巧。復原力能幫助我們防範壓力相關的狀況並從中恢復，同時讓人感到幸福且運作正常。在很大程度上，你應該可以增強自己的復原力。

　　如果你的父祖輩缺乏韌性和因應毒性壓力的訣竅，那麼，閱讀完這本書之後，你可以成為家庭中改變這一切的人，從你這一代開始，擺脫創傷的陰霾，重獲身心的自由。

揭示創傷的存在

　　我們若是隱藏祕密，不僅表示這祕密有問題，甚至是造成我們生病的原因。把痛苦的祕密暗藏在心裡，是不健康的，想要治療傷痛和創造復原力，首先，就是要了解自己的創傷究竟是什麼。正如你現在所理解的，了解使你痛苦的事物和原因有其治療的效用；讓暗藏的傷痛發洩，就能踏上治療之旅。

　　事實上，人們經常會發現，與懂得關懷與關愛他人的人談論童年創傷經驗，的確有點療癒。因此，許多醫療專業人員提倡要將童年創傷經驗的常規篩查納入醫療檢查，就像評估體重和血壓一樣。根據一項大型研究指出，醫生要求患者告訴他們，透過篩查工具回報的童年創傷經驗對患者的成年生活有何影響。而那些患者指出，醫生真的聆聽了他們最深層的祕密，讓他們覺得自己「被接受」了，所以會想再回診。**簡而言之，他們要保守祕密的壓力減輕了。**根據學者指出，以這種方式篩查童年創傷經驗之後，病患的就診次數減少

了 35%，急診次數則下降了 11%。

因此，你或許可以和你的醫生討論，是否可以去看心理治療師，不過前提是，心理治療師曾經幫助病患化解與童年創傷經驗相關的擾人記憶。

找出隱藏的創傷，修復它！

你要給自己鼓勵，因為你的復原力很強，才能度過艱難的童年，熬過創傷與逆境經驗存活到現在。要意識到這點，必須具備重要的「內在力量」。因此，你現在最重要的，就是從培養內在力量開始，讓自己逐漸茁壯。

你要治癒傷痛和創造快樂，以此創造更快樂的童年。你要治癒情感傷痛，包括內心創傷。你以前處理逆境經驗時不知所措，才會受到創傷。受到創傷並不可恥。誰都可能曾經徬徨無助，但人人也都能學會如何復原。所以，第一步是治癒隱藏的傷口，如此才能毫無負擔地大步向前邁進。試想，你想穿過樹林，但腳踝卻折斷傷了，這時會痛到無法欣賞美麗的大自然。因此，明智的做法是往前邁進以前，花點時間修復傷痛。同理，先治癒隱藏的情感創傷也是聰明的決定，如此一來，才能輕鬆自在地享受這名為人生的旅程。

創傷，在本質上會令人不知所措，因此建議最好尋求創傷治療專家的幫助。醫術良好的創傷治療師知道，**光靠語言和運用邏輯幾乎無法深入足以治癒毒性童年壓力的記憶，因為這些記憶並非儲存在大腦的語言和邏輯區塊。**治療創傷需要受過專業訓練的心理治療師來協助你。只要找到這種治療師，就能大幅減輕痛苦，不必長期受罪。

創傷的基本概念

想一想你在前一個禮拜稍嫌不愉快的經歷；或許，很快地你就

能想起事情的細節。所謂的記憶，有開始、中段和結束。記憶就像櫃子裡的文件，隨時可以拿出來，以適當的情緒看待它。你可以記住記憶是何時發生的，也可以在與其他記憶並存的情況下記住發生的事件。打個比方，假設你上個禮拜急著出門，卻找不到車鑰匙，因為你把鑰匙放在別的地方。這件事讓你很沮喪，但當你在其他時候做事有條有理時，你會發現找不到車鑰匙只是一個獨立的事件。因此，你就會在沒有承受過度壓力的情況下，將這個記憶歸檔儲存。

現在，去思考創傷性記憶，例如：虐待，會發現是不一樣的感受。當人承受毒性壓力時，冷靜且有邏輯儲存記憶的大腦區塊（就像文件櫃中的文件）不是尚未發展，就是處於離線狀態（回想一下前面提過的，人處在極端的壓力下，「生存意識」會壓過「邏輯思維」）。這時，創傷性記憶會儲存在「桌面」，彷彿就像存檔的唯一記憶，進而導致即使危險已經過去，我們仍會保持高度警覺。

創傷性記憶是充滿情緒的，因為人處在生存模式下必定會產生強烈的情緒，這樣才能促使我們起身戰鬥或逃離危險。「我很無助」或「如果我看起來不正常，沒有人會愛我」之類的想法，經常被嵌入到意識之下的記憶；這種記憶，通常是一種感覺，因為此時大腦的思考區塊要不是關閉，就是尚未開發。同時，這也是大腦有利於生存的「硬連線」（hardwiring），亦即一旦我們出於生存需求而要立即採取行動時，就不會過度思考。

另外，創傷記憶的碎片不會整合，也就是它們不會結合在一起。因此，當人看到某件事而觸發創傷性記憶時，通常只會意識到一些片段的記憶。購物時，你可能會聞到某種古龍水的味道，但你不知道為什麼會感到噁心，或許那種味道讓你想起自己曾被噴灑那種古龍水的男人虐待；你也許會感到焦慮，卻不知道為什麼。為什麼會這樣呢？那是因為大腦儲存對生存很重要的記憶時，通常不會去改變它們。因此，一旦這些記憶被觸發，即使我們不再需要做出生存反應，我們依然會以同樣的方式去回應。所以，只要我們逃避，不

去處理或安撫最初儲存的記憶，這些記憶就很容易被觸發。或者，只有感受到壓力時才會觸發壓力記憶，從而使部分的記憶重新浮現；而這就稱為「情境依賴記憶」（state-dependent memory）。

治癒創傷性記憶的原則，是「再穩固」（reconsolidation），而這項原則之所以可行的理由，是因為「記憶是可塑的」。

換句話說，當我們把毒性記憶的各種層面帶入意識時，大腦就能去改變記憶。因此，如果你回憶起創傷性記憶的身體感覺、情緒、想法和景象，並將細節告訴尊重你的人，「尊重」就會開始去取代「羞恥感」；如果你能在重述創傷性記憶時讓自己平靜下來，「平靜」就會開始取代牽扯創傷性記憶的「喚起」（arousal）狀態。**如果你能想像創傷性記憶的不同結果，新的景象就會開始取代舊的景象。**簡而言之，最有效的創傷治療，其所依賴的是再穩固原則。

再次重申，誠如在第 1 篇提到的，**創傷性記憶主要儲存在非語言的右腦，因此傳統的「談話治療」（talk therapy）通常成效不彰，至少初期是如此。**

因此，當你運用本書的許多技巧去重新連接大腦時，還得應用再穩固原則，才能有效修復創傷。

你應該考慮創傷治療嗎？

當你開始踏上治療之旅時，可能會考慮是否要去看醫療專業人員，特別是尋求創傷治療師的幫助，讓你能化解童年創傷經驗所帶來的後遺症。

在我看來，熟練的創傷治療師就像教練或嚮導。世界級運動員通常會聘請一名教練來提供想法，請教練教授或加強所需的技能，並且隨時幫自己加油打氣；經驗豐富的導遊則能幫助你在旅途上收穫更多。同樣地，尋找熟練的醫療專業人員就像尋找教練或嚮導來增強你的復原力。因此，尋找合適的心理醫療專家是很明智的，如此一來，可以讓你更快復原，減輕不必要的痛苦。你這幾十年來根

本不須遭受這種不必要的痛苦，因為創傷醫療專家每年都會開發越來越有效的方法來治癒人們隱藏的傷痛。

不過，人天生就會迴避痛苦的記憶。我們會麻痺情緒、否認過去的事情仍然使我們痛苦，或者對某件事成癮（好比吸毒、沉迷於賭博、瘋狂購物、賣力工作等）來掩蓋痛苦。然而，只要迴避記憶，記憶就會永久不變，並且很可能以讓你感到極度痛苦的方式，入侵你的意識層面。

而治療的目標，就是讓記憶「向前」發展，消除它使你痛苦的層面，並將記憶的碎片整合在一起。如此，創傷性記憶就可以像正常的記憶一樣，與其他記憶一起被儲存在文件櫃中，不會成為桌面上唯一的記憶。

獨自嘗試本書的技巧，或許就能使你感到很自在。不過，也可以去找一位治療師，讓他協助你掌握這些技巧，以及處理特別令你感到痛苦的記憶或症狀。而在本章的後續內容，將幫助你確定創傷治療師是否適合你。

治療，真的有效嗎？

是的，治療確實有效，妥善的治療能減輕創傷症狀並提高自尊心。根據相關學者的研究實例證明，針對性虐待兒童和青少年的創傷治療可以提高受害者的自尊心；同時，治療會改變基因表現，從而使大腦更加平靜。

創傷倖存者經常「擔心他們的核心受損，無法挽回」。也許，你曾經看過心理治療師，但結果卻不佳，讓你以為誰都幫不上忙。然而，我根據自身的經驗可以告訴你，心靈的黑洞不會深到讓人無法爬出來，只要你尋求正確的幫助，必定能重獲新生。我再強調一次，愛（連同平靜和安全）是治癒劑。成熟的愛會取代恐懼，癒合隱藏的傷口。

正如美國情感障礙研究教授湯馬斯・劉易絲（Thomas Lewis）

及其同事在 2000 年的著作《一個關於愛的普遍論述》（直譯：*A General Theory of Love*）中提到的：「愛不僅是治療的目的；它也是達到所有目標的手段。」而手術的觀點也適用於治療：「人唯有彼此相愛才不會做出瘋子的行為。」

何時考慮接受治療？

如果你目前還在猶豫掙扎，而且過了這麼久仍然無法化解痛苦，可能就要認真考慮接受治療。隨著時間的推移，症狀甚至會持續惡化。如果你不確定治療是否有效，不妨問問自己，以下的症狀是否聽起來很熟悉。而只要接受治療，這些一直困擾你的問題，就能迎刃而解。

- 除非經歷強烈的痛苦，否則你無法想起某些事情。
- 有「記憶入侵」（memory intrusion）的經驗，例如：噩夢、瞬間重歷其境或幻覺。
- 你或你的周圍環境似乎是不真實的。
- 飽受壓力時會精神恍惚、神志游移。
- 經常或長期感到不安，例如：感覺自己沒有價值、羞恥、內疚、恐懼、憂鬱、易怒或極度憤怒；如果總是消極或嚴厲自我批評，表示內心有尚未化解的痛苦。
- 對所有事情感到麻木，無法快樂。
- 有精神疾病，例如：焦慮症、恐慌症、憂鬱症或躁鬱症等，單靠意志力無法擺脫困境。
- 你正在或即將傷害自己，例如：自殘或以其他方式傷害身體；有輕生念頭或行為；不會好好照顧自己，好比需要就醫卻臨時逃避；睡眠不好、亂吃東西或不愛運動；從事性行為沒有保護措施；從事危險的行為，如：開快車或酒駕。
- 吸毒成癮、酗酒、沉迷賭博、暴飲暴食或沉迷工作，並且帶有創傷症狀（可以請治療成癮的治療師來幫助你處理創傷性

記憶）。

- 在家中或職場無法發揮作用，例如：無法集中注意力或完成簡單的任務；會逃避別人或不去該去的場所。
- 受到壓力而無法入睡，或是白天過度疲勞。
- 年幼時形成的模式正在傷害你的人際關係。
- 感覺過去的某些事情，可能正在損害你的身心健康。
- 有某些記憶或症狀，壓得你喘不過氣來。
- 讀到本書的某些主題或進行書中提到的活動時感到心神不寧、情緒不穩。

治療的方針與期望

一般而言，治癒的過程是循序漸進的。多數人會在治療的最初幾個月內感受到明顯的改善，但我通常會建議各位持續治療 9 ～ 24 個月或更長的時間；不過，這一切取決於你的創傷性質、支持系統和當前的復原力水準等其他因素。不過，某些不錯的治療方法可能能在更短的時間便讓你明顯感受到療效。

另外，參與治療團體能提高療癒的成效，但最好先接受個人治療。多數療法都是先從教育患者何謂創傷及其影響開始著手，接著再教導關於安全和穩定、情緒和激發調節、自尊、人際關係、處理記憶，以及如何過渡到更充實生活的技巧。

如果你已不信任別人，認為沒有人會願意傾聽你的心聲或幫助你，或覺得自己不配得到幸福，那麼就更可能難以跨出去，獲得幫助。因此，你會想要尋找覺得相處起來最自在舒服的治療師是很正常的，但這必須要花點時間，才能與治療師培養信任。別忘了，沒有人是完美的；不妨去詢問治療師，問他們如何治療童年創傷。他們或許會把「童年創傷」形容成就是「發展創傷」（developmental trauma）、「人際創傷」（interpersonal trauma）或複雜的「關係創傷」（relational trauma）。

驗證有效和極具希望的創傷修復療法

　　以文字講述你的故事，並替換其中非常負面的想法能平息大腦的激發中心，協助你走完治療過程。然而，創傷性記憶位於大腦處理視覺、情感和生存的區塊，為此剛開始可能無法透過語言和邏輯來觸及它們。因此，許多有效的療法並非依賴於文字和邏輯，反而是用最少的語言或根本不用語言來觸探內隱記憶。

　　以下將介紹一些有效的治療方案。如果你想知道更多關於如何尋找治療師的訊息，請參閱附錄 C 的「推薦資源」。

身體療法

　　透過這種療法，治療師會幫助患者恢復到最佳的「喚起程度」（arousal level），使其壓力程度既不過高也不偏低。你身處在耐受（tolerance）的區段，就能平靜且有邏輯地說話、調節情緒並感覺與自己的身體相互連結。跟你身體裡發生的事情相比，「故事講述」（storytelling）可能沒那麼重要。治療師會監測你身體的細微變化，可能會說：「讓我們先把你的故事擺在一邊。當你談論那段傷痛的記憶時，你的肩膀可能會很緊。請留意這一點。」只要你追蹤身體有何變化，就能平息身體和情緒喚起，恢復與自我的聯繫感覺。回想前面所說的，人過度受到壓力時，大腦會進入生存模式。我們在戰鬥或逃跑的緊急情況下，與邏輯、語言和與自我相關的大腦區塊會下線。**而追蹤身體的變化有助於讓這些區塊重新上線，恢復正常運作。**

　　接著治療師也可能會說：「想一想有什麼力量或其他資源能幫助你度過這一切。留意你的身體感覺。你會出現怎樣的情緒？讓它沉澱在你的體內。」或者治療師可能會指出：「看起來你的身體想要完成當年不被允許完成的動作。如果你把腳牢牢踩在地上，用你的核心力量慢慢推回傷害你的人，這樣會如何？」

　　簡而言之，**當患者慢慢滿足要做出動作的衝動，並追蹤身體有何**

感覺時，就能替代過往記憶之於身體的負面感覺。也就是說，現在，動作替換了鎖定在記憶中的凍結狀態。

藝術表現療法

藝術療法非常有效；雙手經常能傳達言語無法表達的東西。一旦把創傷性記憶材料擺在安全的距離，比如：透過繪畫或雕刻，就可能會發現這樣比較能表達自己的感受。「本能創傷反應」（The Instinctual Trauma Response™，請參閱附錄 C「推薦資源」的 Intensive Trauma Therapy〔密集創傷治療〕）是一種很棒的治療方法，它結合藝術與影片，以溫和且比較快速的方式處理創傷性記憶，讓患者能輕易忍受治療的不適過程。

眼動心身重建法

在進行眼動心身重建法（Eye Movement Desensitization and Reprocessing，簡稱 EMDR）時，治療師會要求你回憶一段令你不安的事情，也會請你回想當時的情緒、身體感覺、景象和想法。然後，會看到治療師的手指在你眼前來回移動。透過眼球運動（或其他形式的雙側刺激〔bilateral stimulation〕），可以刺激大腦兩側被認為有助於將記憶與大腦其他地方儲存的治療元素聯繫起來。例如：傷害你的人之可怕形象可能會因此發生變化，或者你可能會開始體驗到更愉快的身體感覺、情緒或想法。

處理一段記憶可能會使你想起其他需要處理的記憶，而這個過程會一直持續到過去的記憶不再困擾你。根據創傷性記憶的性質，你有可能很快就能療癒，從而不再感到不安。

此外，「加速分辨率療法」（Accelerated resolution therapy，簡稱 ART）則是一種創新且有效的療法，它也是使用眼球的運動，達到創傷修復的功效。此療法可以很快發揮作用，有時在 2 週內的 1～5 個療程就能有所成效。接受這種治療時，創傷性記憶會在類似於

EMDR 的過程中得到化解。此外，舊有景象會被你創立的新景象和新的身體感覺所取代。一旦只能回憶起新的景象，就表示治療算是成功；原始景象雖然保留在記憶裡，卻不會讓你感到不安。

情緒釋放技巧

情緒釋放技巧（Emotional Freedom Technique，簡稱 EFT）和 EMDR 一樣，能喚起創傷性記憶的各個層面，然後再使用針灸打通經絡。一種說法是，刺激這些穴道可以排除卡住的能量和情緒。另外，刺激大腦的左右半部也被認為能將創傷性記憶和已經存在大腦的治療思想與記憶結合起來。

夫妻情緒取向治療

夫妻情緒取向治療（Emotionally Focused Couple Therapy），能強化伴侶之間的依附關係。當你因為幼年的依附不安全感導致夫妻關係出現問題時，這個療法對你來說，就可能非常有效。

或許你會希望探索比較新穎和有專家監控的療法，幫助你重啟和治療因毒性壓力和炎症而受損的大腦。這些療法極具希望，包括：跨顱磁刺激（transcranial magnetic stimulation）、類神經回饋（neurofeedback）、伽馬光閃爍療法（gamma light flicker therapy）和各種定期禁食法，通常會與心理治療和自我管理策略（如本書中提到的策略）結合使用，以減少各種精神和醫療症狀。

此外，請注意雖然本書主要是為了成人所編寫的，但同時也對那些兒童和青少年其童年創傷經驗的分數很高，有著良好的創傷治療效果。某些療法需要不會傷害孩童的父母或照顧者一起參與，如此一來，這些照顧者不僅能藉此管理自己的痛苦，也能以更妥善的方式養育孩子。

關於創傷治療，你有什麼想法？

1. 當你考慮接受本章所列出的治療時，是否思考過是想要改變哪些令你感到不安的症狀？

_____

_____

_____

_____

_____

2. 如果讓你不安的症狀有所改善，你覺得你的生活會有何不同？

_____

_____

_____

_____

_____

3. 如果要尋求幫助，你最想和哪種醫療專業人員共事？你能用什麼樣的特質和技巧去描述那個人？你想接受什麼類型的治療？

_____

_____

_____

_____

_____

第 5 章

減輕並掌控壓力

照顧好自己,就會向大腦發出一個強烈的信號:表示你很重要,你值得花時間去滿足自己的所有需求。人們經常要求我提供幾個快速且易於掌握的減壓技巧或工具,來有效應對日常壓力。相信我,在使用本書的過程和在你的一生之中,會經常需要這些工具來安撫神經系統和振奮情緒,好讓你保持最佳的狀態。

本章介紹的強大工具,將有效幫助各位調節與控管壓力;很多時候,失調的壓力正是讓童年創傷經驗成為隱藏傷口的元兇。而後續 2 章,則會探討和介紹調節強烈情緒的技巧,這些技巧能確保大腦處於最佳的工作狀態。掌握這些技巧是順利復原的關鍵,因為你將在本書的後面章節運用這些技巧,逐步邁向修復成功之路。

首先,讓我們從一項非常有效的技巧開始,可以在一天的開始和結束時練習,讓自己平靜下來,從而感到更加愉悅。

從腳到頭都放鬆的 5 分鐘減壓法

這是我最喜歡的減壓技巧,靈感來自柴爾德(D. L. Childre)和羅茲曼(D. Rozman)的《轉化壓力:緩解焦慮、疲勞和緊張的核心解決方案》(直譯:*Transforming Stress: The Heartmath Solution for Relieving Worry, Fatigue, and Tension*)、帕特‧奧格登(Pat Ogden)和費舍爾(J. Fisher)的《感覺運動心理治療:創傷和依附的干擾》(直譯:*Sensorimotor Psychotherapy: Interventions for*

Trauma and Attachment）、薩奇達南達（S.S. Satchidananda）的《認識自己：Swami Satchidananda 的基本教義》（直譯：*To Know Your Self: The Essential Teachings of Swami Satchidananda*）、弗朗辛・夏皮洛（Francine Shapiro）的《超越你的過去：透過 EMDR 療法的自我照護》（直譯：*Getting Past Your Past: Take Control of Your Life with Self-Help Techniques from EMDR Therapy*）和艾波麗爾・斯蒂爾（April Steele）的《發展安全的自我：基於依附理論的成人心理治療法》（直譯：*Developing a Secure Self: An Attachment-Based Approach to Adult Psychotherapy*）等優秀著作。

　　一早起床練習這項技巧，就能感到平靜愉快，從而開始嶄新的一天；至於晚上練習，也會感到平和愉悅，可以安穩地睡上一覺。這個方法，結合了全球久經考驗的實作關鍵要素，例如：一心一意專注某事，能使混亂的頭腦冷靜下來。而追蹤身體的感受，例如：深入體察呼吸、心率和身體的感覺，可以使大腦的各個區塊和身體器官平靜下來並彼此同步。至於喚起慈愛和歡呼之類的積極情緒，則可改善大腦和身體的功能。

　　你可以跟本書的其他練習一樣，一次同時閱讀這些說明並加以應用，也可以請別人讀給你聽，或者事先自己錄製，然後再播放聆聽，跟著聲音的指引進行。

作法

① 找到一個舒適的地方坐下或躺下。

② 找個有趣的地方，集中注意力片刻；可以盯著天花板或牆壁上的一個點或一個光點。然後閉上眼睛。若覺得閉上眼睛會感到不自在，則可以稍微把視線往下看就好，不用閉眼。

③ 讓身體與地面有「貼在一起」的感覺。如果是坐著，要感覺腳底

牢牢踏在地上；意識著椅子支撐背部和臀部的感覺。如果是躺著，則請留意小腿和臀部有貼在物體表面的感覺。

④ **將雙手放在腹部，手指張開。**呼吸幾次，感受呼吸的奇蹟；腹部會在吸氣時膨脹，呼氣時收縮，就像海浪來回輕拍海岸。接著，讓呼吸自然而然地變慢。現在，想像你吸氣時將「慈愛」（loving-kindness，慈悲或關愛）的感受，呼吸到腹部，呼氣時則是讓慈愛的感覺在腹部安頓下來。

⑤ 把手放在心上，**吸氣時將慈悲（慈愛或關愛）吸進你的心中，**當你呼氣時，則是讓那種感覺穩穩地留在那裡。

⑥ **將手掌放在眼睛上，**感受一股暖流沐浴和舒緩你的眼睛。用指尖輕輕揉搓髮際線，再用拇指輕輕揉搓太陽穴。慢慢移開雙手，用指尖輕輕揉搓你的額頭、眼睛和臉頰。過程中，留意當你這樣做時有什麼感覺。

⑦ 用雙手的食指和中指的柔軟指肉，**緩慢、輕柔地敲擊瞳孔下方的骨頭 25 次，**再把雙手放在心臟上。

⑧ **想想讓你感到安全、舒適、平靜和滿足的地方、人物或時間。**回想一下，這時身體有什麼樣的感覺。讓你的臉上綻放溫暖的微笑，眼中閃爍滿足的光芒，彷彿有一種愉悅的感覺環繞在嘴邊。那種快樂的感覺要一直蔓延到你的眼睛，使其輕輕地沐浴和撫慰你的雙眼。接著，那種愉悅的感覺會慢慢蔓延到前額、太陽穴和頭頂，依序溫暖和舒緩這些區域。那種愉悅的感覺接著會沿著脖子往下蔓延，先通過肩膀，然後來到手臂、雙手和手指。你要感覺到這些。現在，那種快樂的感覺像溫暖的光一樣，沿著脊椎往下蔓延，並向外擴展到背部兩側，抵達你的心臟、肺部、腹部和骨盆，最後抵達腿和腳。過程中，要留意身體的這些感覺。

⑨ **將專注力放在腹部，釋放、休息和放鬆片刻，體會你真實和快樂的本性。**你真實和快樂的本性是你的核心，是存在於你飛馳思想和感覺之下最重要的自我，善良、睿智和幽默。你不必刻意創造

真實和快樂的本性，它已經存在於你的內心。只是需要花一點時間來感受它。試著去釋放、休息和放鬆。

⑩ **把右手放在左肩上、左手放在右肩上。**當你想說或想到「安全」（safe）這個詞時，輕輕捏一下右肩；當你想說或想到「平靜」（calm）這個詞時，則輕輕捏一下左肩。重複交替捏左右肩各 4 次，並不斷重複「安全」和「平靜」這兩個詞。接著，慢慢地捏一下雙肩，同時慢慢地重複「安定」（secure）這個詞。

⑪ **再次將手放在心臟上，此時要緊扣拇指，想想讓你感到安全和被愛的人。**當你呼吸時，讓愛的感覺停留在你的心中。用雙手的手指慢慢敲擊心臟周圍 5 次，每次敲擊時都要默念「愛」（love）這個詞。

⑫ **花一些時間來追蹤你的身體和感覺，讓任何愉快的感覺或情緒停留片刻。**建議最好花 5 分鐘以上的時間做此練習。例如：若發現身體的某個部位（比如前額）感到緊繃或不舒服，就可能需要多花點時間讓愉悅的感覺滲透並沐浴該部位。

完成這個 5 分鐘的練習之後，接下來要介紹的減壓方法，則可讓各位在一天的其餘時間，更為有效管理「壓力喚起」（stress arousal）的反應程度，從而保持情緒的穩定。

將壓力保持在「彈性區域」，就能穩定情緒

根據傳統，我們通常很重視邏輯思維和說話發言，然而，「經歷」或「記住毒性壓力」會使大腦的思維和語言區域下線。也就是說，發生這種情況時，我們無法藉由邏輯和語言來幫助自己冷靜下來。不過，值得慶幸的是，近年來出現許多有效的方法，可以平息這種喚起（針對身體和控制激發的大腦區塊），讓我們可以再度以理性的方式思考和說話。

當壓力喚起處於「彈性區域」（resilient zone）時，也就是既不

太高也不太低的時候，我們就可以理性思考和清晰表達言語。這時，我們可能會找到解決問題的方法，並為自己和他人尋求和提供支持，或者與難以相處的人講道理。同時，我們的大腦和器官也會處在和諧工作的狀態，呼吸和心率也緩慢且有節奏，所以我們會感到腳踏實地、不偏不倚。簡而言之，**一旦壓力喚起程度是平穩波動，就表示神經系統的分支處於平衡的狀態。**

然而，毒性壓力會迫使我們跳脫彈性區域，造成我們可能會陷入「過度喚起區域」（hyperarousal zone），持續保持高度警覺，因為大腦此時推測你會持續遭遇危險。我們身處在這個區域時會過度興奮，理性思考和說話的能力頓時會消失得無影無蹤，轉為全神貫注於求「生存」，要生存的大腦區塊會蓋過思考和說話的區塊，以便產生強烈的情緒並能立即行動。此時，我們的心率和呼吸頻率會變得不穩、快速，肌肉也變得過度緊繃，警報中心也會顯得過度活躍。而當人處在這個區域時，通常會經歷強烈的痛苦（好比憤怒、焦慮或恐慌）、有噩夢、瞬間重歷其境、睡眠障礙，以及注意力無法集中等情形。

另外，若是承受太久的壓力（或者被壓垮了，特別是我們想要戰鬥或逃跑時卻無法辦到），就可能會陷入「過低喚起區域」（hypo-arousal zone），從而變得過於麻木（或筋疲力盡、身體僵硬、癱瘓或崩潰），無法平靜思考和說話。同時，也可能表現出鬆垮的姿勢、一直向下凝視、眼神呆滯、面無表情或沮喪、感到羞恥、絕望和無助，以及疏離自己或周圍的環境。

使壓力保持在彈性區域的 4 大技巧

有些人會在「過度喚起」和「過低喚起」之間交替擺盪；有些人則是同時表現出 2 種極端的跡象，而這個跡象，通常出現在他們過渡到過低喚起區域的時候。然而，無論是在哪一種極端情況下，

文字和邏輯通常都無法奏效，意謂著要人冷靜、放鬆或鎮定的建議，也無法發揮作用。此時最重要的，是先讓大腦和身體回到彈性區域。

因此，我們將介紹一些非常有效、基於身體本能的技巧，這些技巧會先調節身體的喚起程度，再讓大腦的所有區塊都重新上線，恢復正常。不過，**這些技巧都有賴後續「追蹤」（tracking），也就是要深度感知身體發生了什麼事情**。簡單的追蹤行為能讓情緒和生存大腦平靜下來，同時讓關鍵的大腦區塊重新上線。這些區塊管理著決策、言語以及情緒和身體的喚起程度，同時也能恢復與身體、情緒和自我的聯繫感。

因此，當壓力讓你最好的機能失效時，不妨嘗試這些基於身體本能的技巧；而它們是由傑出的臨床醫師帕特里夏・奧格登（Patricia Ogden）、貝塞爾・范德科爾克（Bessel van der Kolk）、彼得・萊文（Peter Levine）和伊萊恩・米勒-卡拉斯（Elaine Miller-Karas）等人率先採用。

除此之外更棒的是，現在就可以馬上學會這些技巧以備不時之需。一旦感到壓力排山倒海而來時，就可以在崩潰前運用這些技巧來化解壓力。另外，以下的技巧通常也同樣適用於喚起程度過高或過低的人。例如：運動可以釋放需要被消耗的能量，讓人的喚起程度恢復到正常狀態。如果你陷入過度喚起的狀態，運動也將很有幫助；也就是說，假使你被困在過低喚起的狀態，運動可逆轉你麻木和僵硬的狀態。如果想更了解其他基於身體本能的減壓技巧，請參閱附錄 C 的「推薦資源」。

(1) 揉捏身體

將一隻手放在另一隻手的手腕上。追蹤揉捏手腕的感覺，然後釋放擠壓的壓力。將手慢慢地在前臂上下滑動時繼續追蹤感覺……，擠壓、釋放，擠壓、釋放。

慢慢來，留意皮膚和手臂深處的感覺。嘗試看看什麼樣的感覺最棒：是機械性或舒緩的擠壓？還是快慢交替、硬或軟以及深或淺的擠壓？最後，留意做這個練習對你身體的影響。是不是感覺身體稍微平靜了一點？你的呼吸變慢了嗎？肌肉不那麼緊繃了嗎？

（2）仔細體察身體

將一隻手放在背部中間，讓指尖靠近脊椎。當你呼吸時，追蹤手底下的感覺。你可能會注意到自己的胸腔隨著呼吸而膨脹和收縮。記得，要同時追蹤整個身體的狀況和自己的情緒。

接著，再將另一隻手放在心臟上，感受那隻手的周遭情況。嘗試不同類型的觸摸方式，好比強硬、溫和或舒緩的觸摸。你不妨將背部的手移到腹部、喉嚨、前額或任何其他感覺不錯的地方。追蹤這隻手底下的區域有什麼感覺。然後留意身體和情緒發生了什麼改變，以及當你這樣做時，有什麼想法浮現腦海？

（3）身體抗拒

壓力反應（戰鬥或逃跑）會迫使我們移動；這時如果我們不移動，移動的傾向、亦即「行動傾向」（action tendency）就會卡在記憶中，從而可能會以肩部或腹部肌肉緊張的形式外顯出來。關於這點的解方，就是要移動，藉此釋放戰鬥或逃跑的能量。如此一來，就可化解過度喚起的情況；當感到麻木時，移動也能防止情緒崩潰。

所以，當你受到壓力時，請站起來，將一隻腳牢牢地放在另一隻腳後面；彎曲膝蓋，感受核心、手臂和腿部的力量。利用核心和腿部的力量，慢慢用手臂向前伸展（或者推一面牆）。別忘了，也要同時去追蹤身體的感覺。

（4）改變姿勢

童年時經歷過創傷和逆境的人，可能因此容易習慣垂頭彎腰或弓背；而當前受到壓力時，就可能會重新喚起這種習慣。這項技巧

能讓你擺脫這些習慣，並且讓你學會如何控制它們。

當你感受到壓力時，請注意你傾向於做出什麼姿勢。是會低下頭、無精打采或縮緊某些肌肉嗎？請誇大這些動作，同時追蹤身體反應和情緒變化，然後「反其道而行」！請你站直或坐直，挺直你的脊椎，抬起你的頭，稍微擴展胸部。要充滿自信，望向前方。追蹤你的感覺。請留意這是否會稍微改變你的情緒。在 2 個極端姿勢之間來回幾次，藉此強化控制身體的感覺。

其他調節「喚起程度」的策略

想了解更多關於基於控制身體，進而調節壓力喚起程度的策略嗎？就我個人來說，我更喜歡用以下 2 種方法，來擺脫因毒性壓力而儲存的能量，或者讓我們在麻木和身體無法運作時能夠動起來。各位也可以在附錄 C 的「推薦資源」中獲得更多相關的訊息。

‧**貝爾切利的壓力釋放運動**（Berceli's Tension and Trauma Release Exercises，簡稱 TRE）包含 7 項練習，可用來釋放腰大肌（psoas）的能量。腰大肌，位在將脊柱下半部連接到骨盆和股骨的肌肉。這裡的肌肉在人受到創傷和日常壓力時都會緊縮。完成這 7 項練習，總共需要 15 分鐘；只 15 分鐘，就能釋放全身緊繃不適的感覺。

‧**平甩功**的擺手練習，可讓人以輕柔的擺手動作釋放壓力，不僅能讓身體動起來，也能使你感到心情愉快。

追蹤你的壓力放鬆進度

無論是在日常生活中，或想起過去時感到痛苦，都可以運用上述的技巧，擺脫壓力。不過要多練習才能熟練，如此一來，必要時才能隨時拿出來使用，輕鬆運用這些技巧減輕情緒壓力。

建議每天剛起床或入睡前練習「5分鐘從腳到頭減壓法」，且至少連續練習3天，看看適不適合你。可在附錄A的「修復練習紀錄」或以下空白處，寫下練習完的感受。然後每天練習一項或多項基於身體本能的技巧，同樣至少連續練習3天，並將你的感受同樣記錄下來。

你寫下的文字會非常有用，如此，日後回顧追蹤時才會知道哪些方法和技巧，對你來說是確實有效的。

_____

_____

_____

_____

_____

_____

_____

_____

_____

_____

_____

_____

_____

_____

_____

_____

_____

_____

_____

_____

_____

_____

第 6 章
釋放不安情緒和負面能量

　　如果人感受到強烈的痛苦，就會處於高度的壓力喚起狀態。壓力若一直持續，其所引發的情緒也會讓人感到疲憊，並以負面方式讓大腦連線。童年創傷經驗和當前的壓力，都會讓人產生不安的情緒，所以，在本章就讓我們看看有哪些方法能有效管理這些情緒，好讓我們不會被情緒綁架。同時，你也會發現這些技巧能妥善因應日常壓力，並能與之後陸續學到的方法一起搭配使用，獲得更好的情緒穩定和修復效果。

　　誰都不想要有不愉快的情緒，這是很正常的。然而，逃避不去處理，情緒和驅動這些情緒的記憶依舊不會改變。如果我們選擇迴避，就無法學會如何很有自信地平靜面對情緒。**害怕情緒襲來，其實會讓大腦一直保持警覺，反而會使我們不斷處在準備去面對壓力的情況。**我很高興各位願意學習新的方法，以便輕鬆自信地處理那些使你感到不愉快的情緒。

(1)「正念」與「自我慈悲」冥想

　　現在科學已經實證，「正念冥想」能顯著減少各種與壓力相關所導致的身心問題。所謂的正念，就是觀察體內情況，但必須要以某種特殊的方式進行。

　　首先，我們要以慈悲的心態觀看，而慈悲也稱為慈愛、友善或愛。慈悲（和善回應我們自身的痛苦）是一種強大的「情緒障礙」

（emotional disturbance）解毒劑，足以大幅改善我們的生理機能。例如：慈悲能調節心臟，讓大腦釋放「催產素」（oxytocin）——這是一種被稱為「讓人平靜和聯繫」的荷爾蒙，因為它能降低壓力荷爾蒙皮質醇的分泌程度，並促進人與人之間的情感聯繫。另外，**正念練習還能讓人以一種不帶偏見的方式去接受襲來的情緒。換句話說，我們只是留意自己的感受，而不是要試圖去改變、評估或修復任何事情。我們只是看著，內心狀態是平靜且充滿好奇的。**

對於許多人來說，這是一種全新的體驗。我們不是去想：「哦，不，這太糟糕了，我無法忍受這種感覺。」反而是採取以下的態度：「這只是一種感覺。不管它是什麼，先讓我感受一下。感覺並不是我的核心本質。」如此一來，我們就能軟化情緒。過程中唯一有改變的，是我們如何面對不愉快情緒的反應方式。

至於「自我慈悲」冥想，則與正念冥想有著相同的效果，為冥想練習增添了一種嶄新的方法。

許多人會內化來自照顧者或別人的嚴厲批評，造成長大成人以後，把這種年幼時期被他人嚴厲批評的情形，變成一種自我批判的習慣。**我們可能誤以為要不斷地自我責備和挑剔錯誤，才能激勵自己。然而，自言自語的嚴厲自我批判，會降低你的自尊心及其功能。**事實上，缺乏自尊心的人比擁有自尊的人更容易自我批評。美國教育心理學教授克里斯汀‧內夫（Kristin Neff）發現，以更和善的方法對待自己，才是更有效的激勵因素，這樣才能安撫不愉快的情緒。

自我慈悲的作法非常簡單且有效，可以消除自我批評；當我們遇到會讓我們感到不愉快的經歷時，可以練習用以下 4 個陳述來回應痛苦的情緒：

- 第 1 個陳述，是承認我們正在遭受痛苦（類似於慈悲的正念意識）。
- 第 2 個陳述，是承認每個人有時都會受苦（我們都在同一條船上，人人都想要快樂而不是受苦）。

- 最後 2 個是藉由「此時我可以自我慈悲」之類的陳述,將慈悲和深切的關懷帶至當下。

　接下來的冥想練習,會結合正念和自我慈悲來達到最佳良好的效果。你可以跟本書的其他療法一樣,一次同時閱讀一項說明再加以應用。或者,也可以請別人讀給你聽,或者自己事先錄製,然後再播放聆聽,跟著聲音的指引進行。

作法

① **請選擇在一個約可以在 20 分鐘內不會被打擾的地方,舒服地坐著**。將雙腳平放在地板上,雙手舒適地放在膝蓋上。脊椎要舒服地挺直,就像一柱金幣,肌肉要放鬆。

② 你的身體就像一座雄偉的山,無論陽光普照或狂雲籠罩,身體都要平靜、安穩且不變(這就是**靜坐姿勢**)。

③ 若覺得閉上眼睛會感到不自在,則可以稍微把視線往下看就好,不用閉眼。在這個寧靜時刻,你要在自己的身體和呼吸中休息;讓你的腹部柔軟放鬆。

④ **留意你的呼吸,呼吸時要感受體內的情況。**也許你會發現自己的腹部在吸氣時上升,呼氣時下降。你的肋骨和胸部有什麼感覺?你的心跳呢?當你留意這一刻時,呼吸會變慢嗎?你的鼻子、喉嚨和肺部有什麼感覺?記得,是好奇地去觀看,不要試圖改變任何東西。

⑤ 當想法出現時,好比「我好餓」和「我有哪些事情要去做?」等思緒時,**只要保持好奇心,帶著愉快的心情去注意它們**,然後再將意識送回到呼吸。如果有一千個念頭生起,你要耐心、輕柔、愉快且反覆將意識帶回到呼吸中。

⑥ **回想一下最近令你稍微不安的情況**,可能是在職場或家裡發生的事情,還要回想當時連帶的悲傷、遭人拒絕、對自己失望、感到不配、憤怒、擔心或其他不愉快的感覺。**替這些感受保留空間。**

⑦ **深切關注這些感受，不要評判它們。**它們只是感覺。你要去想：

　　「無論有什麼感覺都行，讓我感受一下。」

邀請這些感受進入你的身體，就像邀請朋友進入溫暖的家一樣。

⑧ **留意身體的哪個部位會感到這種不愉快的感覺**，是胃、胸部或喉嚨嗎？全然去體驗感受，完全接受它們，不要去想：「我要收緊身體，只讓這些感覺進入身體一下子。」不要排斥它們，反而要以柔軟和開放的心，安坐在這些情緒之中。

⑨ **潛到身體中承受不安的地方，吸進慈愛，讓慈悲注入並包圍痛苦。**你要像對待正在哭泣的孩子一樣，將慈悲帶到這一刻。你要擁抱孩子，直到他停止哭泣，然後孩子會重新去玩耍。同樣地，你要擁抱痛苦，緩緩融入進去。為自己提供愛似乎不尋常，但請相信愛的治癒力量。相信你可以提供慈愛，就像你對待受苦的朋友一樣。

⑩ **將一隻手輕輕地放在包覆不安的身體部位上。**臉上露出柔和親切的表情（或許就像一位慈愛的父親或母親）慢慢地、有意識地重複下面的 4 個陳述，你可以默念或大聲說出來：

　　「這是痛苦的時刻。

　　苦難是生命的一部分。

　　我要在這一刻善待自己。

　　我要給予自己所需的慈悲。」

⑪ 當你繼續留意呼吸時，每次呼吸都會感到很舒緩，那種理解和仁慈會充滿心臟和身體。再重複幾次步驟 6 的 4 個陳述。

⑫ **當你準備好時，請更刻意地去吸氣，將氣吸到一直包覆不安的身體部位。**在呼氣時，要讓自己對身體那個部位的知覺消失。將慈愛的感覺留在心裡。你可以默念或大聲說出下面的聲明：

　　「我要快樂；我要安心；我要完整。」

⑬ 當你完成後，感受一下，**現在是否比先前更不會感到痛苦了。**我們有時沒打算讓它發生，但它卻發生了，這真是很奇怪的事。

（2）敲擊釋放

美國創傷治療專家貝塞爾・范德科爾克和查爾斯・菲格利（Charles Figley）發現，「敲擊技巧」（Tapping）和「情緒釋放技巧」（EFT）以及「思考場域療法」（thought field therapy）一樣，有助於減少情緒困擾。

雖然敲擊釋放不像其他療法有十分完善的研究資料佐證，但臨床醫生和嘗試過這些方法的人都熱烈推崇它。輕敲很容易學習，且似乎沒有風險或副作用：它要不有效，要不就無效。就理論上來說，這種技巧與 EMDR 共用某些元素，亦即它有助於讓人不去逃避、釋放情緒能量，刺激左右腦，並且讓人舒緩，產生積極正面的思想。

以下的方法是參考相關專家伯萊（R. L. Bray）、克雷格（G. Craig）和菲格利（C. R. Figley）的敲擊技巧改編。除非另有說明，否則將用食指和中指的指尖敲擊。請用力敲擊，但力度要拿捏好，不要有不舒服的感覺。敲擊點如下：

- **手掌外側**（空手道用來擊打物體，手掌較為多肉的位置）
- **頭頂**（用 4 根手指，指尖或手指放平，由前往後輕敲頭頂）
- **眉毛**（靠近鼻子的眉毛邊緣）
- **眼側**（雙眼外圍的骨頭）
- **眼睛下方**（瞳孔下方約 3 公分的骨頭）
- **鼻子下方**（上唇和鼻子之間）
- **下巴**（下唇和下巴底部的中間，就是摺痕處）
- **腋下**（身體側面，手臂摺痕下方約 10 公分處）
- **鎖骨**（將手指放在喉嚨底部和胸骨上方的 V 形槽口中；將手指朝著肚臍方向下降約 3 公分，然後將手指向兩側滑動約 3 公分。或者，也可以握緊拳頭，平擊男人打領帶的部位）
- **小指**（沿著指甲與小指環側皮膚相交的線）
- **食指**（沿著指甲與食指靠拇指側皮膚相交的線）
- **廣效點**（gamut spot；握拳，將另一隻手的食指放在小指和

無名指的指節之間；再將食指朝向手腕從手背向下滑動約 3
公分）

作法

① **回想讓你稍微痛苦的情況。** 描述當時遇到的問題。例如：「我感
到焦慮」（或其他不愉快的感覺，比如憤怒、悲傷或尷尬）。冷
靜且誠實地意識身體的哪個部位，最能強烈感受到這種情緒。如
果腦海出現想法或其他景象，也要多加留意。

② 當你回想這些情緒和感覺時，**依照 0（無）到 10（最高值）替痛苦
的程度評分**；這就是「主觀困擾評量表」（Subjective Units of
Distress Scale，簡稱 SUDS），寫下困擾的分數等級。

③ 以下面的陳述開頭：「即使我有這種○○（說出不愉快的感覺），
我也深切且完全接受自己。」尤其要在陳述的最後部分投入精
力。如果你覺得太勉強，可以改變說法：

> 即使我有這種 ○○，我想感到平靜安寧，並釋放這種情緒。
> 即使我有這種 ○○，我想要放鬆和感到平靜安寧。
> 即使我有這種 ○○，我想要放鬆和釋放它。

④ 在你用手掌外側敲擊自己時，重複 3 遍開頭陳述。

⑤ 為了緊扣問題的焦點，因此當專注於問題時，請在敲擊時說出提
醒自己的短語。提醒短語可能是「這種焦慮」（或指出相關的不
愉快情緒）。接著，依序敲擊以下各個部位，每個部位約敲擊
6 ～ 10 次：

- 頭頂
- 眉毛
- 眼側
- 眼睛下方
- 鼻子下方
- 下巴

- 腋下
- 鎖骨
- 小指
- 鎖骨
- 食指
- 鎖骨

⑥ 敲擊廣效點時，要讓大腦的某些區塊參與進來，藉此幫助你改變對經驗的反應方式。請依照以下順序連續敲擊廣效點：

- 閉上眼睛。
- 張開眼睛。
- 往下看，再往左看。
- 往下看，再往右看。
- 讓眼睛轉一圈。
- 以反方向讓眼睛轉一圈。
- 哼任何曲子。
- 從 1 數到 5。
- 再哼曲子。

⑦ 重複步驟 4 和步驟 5。

⑧ 重新評估不安並寫下新的主觀困擾評量表評級。追蹤身體或情緒上的變化。

⑨ 重複步驟 4 到步驟 8，直到主觀困擾評量表的分數降到 0，或者困擾值不再下降。如果分數降低一些，不妨將開頭的陳述修改為下面的其中一個：

即使我還有一些焦慮，但我深切和完全接受自己。

即使我有些焦慮，但我知道平靜是什麼感覺。

即使我有些焦慮，我想感到安全並釋放焦慮。

如果在公共場所敲擊身體會讓你感到尷尬，不妨改嘗試以下的

方法，亦即只需在不顯眼的地方輕輕觸摸身體即可。如果覺得這個方法無效，就不要使用它也沒關係，改向創傷治療專家尋求協助來幫你面對困難的事件，或者前往下列的網站：http://www.eft-alive.com/eft-article-when-eft-does-not-seem-to-work.html。這個情緒釋放技巧網站會指導你如何拆解痛苦事件，將其分解為具體的層面來處理，如此一來，就能有效處理分別浮現出來的各種情緒。

（3）情緒能量的傳遞與釋放

　　美國靈性作家麥克·辛格（Michael Singer）曾寫道，每個人都會經歷人事、物件、事件、情感、感覺和思想，但我們不是這些。我們的精神自我會從內心深處觀察這些。而傳遞技巧可以轉移數個小時前到多年前積壓的負面情緒，就像在房子裡移動不新鮮的空氣。

　　情緒的能量會通過心臟。為此，如果心不開放，能量就會阻塞，在其周圍徘徊和卡住不動。所以這個方法是幫助我們敞開心扉，使情緒流淌，好讓我們再次體驗到痛苦背後的美麗、快樂、熱情和愛。當某件事讓你想起過去不愉快的事情時，你要微笑、放鬆、跳脫到遠處觀看，以及讓舊事從你身上流去。記住，你只要放手，根本不必去抵抗。

作法

① **當你準備回憶一件不愉快的事情時，請專注於呼吸。**閉上眼睛或將視線往下移動。撐開和放鬆肩膀，放鬆你的心。當覺得能夠釋放不愉快的情緒時，你甚至會微笑也說不定。

② **如果觀看不愉快的過去事件讓你感到不舒服，請不要驚訝。**回憶不愉快的事件總是痛苦的，但不愉快的事件也會伴隨痛苦而釋放，你必須決定是要繼續帶著傷痛或者放手讓一切過去。放手只會痛苦一會兒，而且通常沒有想像中的那麼難熬。

③ **請留意不愉快的記憶。**要看著過往的負面情緒浮現，不要打壓它

們或與其抗衡。讓它們流過你的心。例如：面對尷尬時，可能要允許這種感覺存在，然後想想：「別人是怎麼看待我的？他們想怎麼想就怎麼想，跟我有什麼關係？我會觀察這些感覺，讓它們流過我的心，然後流瀉出去。」或者你會想：「不安全感？這只是一種感覺。放手吧！」每一次放鬆和釋放，某些痛苦就會永遠離你而去。

④ 請記住，你是從意識的核心觀看的人。**記憶連同它的情感和感覺位於遠處，它們是在「外頭」。**放鬆並釋放它。讓痛苦進入你的內心，然後讓它穿過去。只要你從內心深處觀察，就不會迷失在痛苦的感覺之中。事情就是這麼簡單。

⑤ 你可以重複「正念」與「自我慈悲」冥想中步驟 6 的 4 個自我慈悲陳述，來結束這個練習。

追蹤你的情緒釋放結果

依序嘗試各種情緒釋放方法，每天練習一種，連續練習 3 天後，再去練習下一個方法。將感受記錄在附錄 A 的「修復練習紀錄表」或以下空白處。

你想要定期使用哪項技巧？別忘了，只要練習和掌握這些方法，就能重新調整自己的神經系統，使其不會過度反應，穩定情緒。另外，還可以將它們增加到你稍後可用的技巧，以此修復童年創傷經驗所造成的隱藏傷口。

_____

_____

_____

_____

_____

_____

第 7 章
大腦照顧好，情緒自然好

　　多數人都不清楚大腦的生理狀況，會如何深切地影響我們的情緒健康，以及其具備治療童年創傷的能力。如果我們知道了，無疑會像維護房屋和汽車一樣，認真地維護我們的大腦。研究人員發現了 10 種增強大腦的方式，且通常這些方法在幾週內就能奏效。

　　實踐這些方法之後，會讓你感到更快樂、更放鬆和增加精力，並讓大腦從我們稍後即將會探討的方法中，獲益更多。

　　簡而言之，這 10 種方法能共同作用，進而改善調節情緒、促進思維和處理記憶的大腦區塊，使其變大、變健康和功能更完善，以便能用冷靜理性的方式儲存和檢索記憶。此外，當這些方法共同運作時，還可獲得以下的好處：

- 促進新神經元和神經迴路的生長。
- 強化血腦屏障（blood–brain barrier），保護大腦免受各式毒素侵害。
- 清除大腦的有害物質。
- 保護腦細胞，使其免受氧化壓力（oxidative stress）和發炎的侵害。
- 保護端粒並改善表觀基因組。

　　由此可見，當大腦健康且功能強大時，就能以更輕鬆的方式重新連接它。為此，本章會讓你的大腦做好準備，好讓各位能善用後續學到的方法，以此擺脫童年創傷經驗和治療它所造成的負面影響。

強健大腦的 3 大基本要素

　　許多人指出，他們非常驚訝，原來只要均衡攝取各式營養素、睡眠充足和規律運動，強身健體的效果就非常好。事實上，他們經常聽人說這些事情非常重要，但卻基於許多理由而沒有確實執行；然而若能實踐它們，便會對自己的感受和身體運作產生深遠的影響。

　　也許，正在閱讀本書的你，也知道這是千真萬確的，卻也始終做不到？不如將你自己在營養攝取、睡眠品質和運動鍛鍊的表現，與接下來的指南進行比較，或許就更能說服自己該好好執行這 3 大基本要素了。另外，讀完本章後，也會協助各位訂定計畫來優化這些要素並確實執行，從而改善大腦的健康狀態，獲得好情緒。

(1) 均衡攝取各式「營養素」

　　各大研究均一致證實，地中海飲食能促進大腦的健康和功能。不妨想像一個裝滿植物的盤子，上面有蔬菜、水果、豆類、扁豆、堅果、種子、全穀類食物，以及各種香料和調味品（鹽除外）。魚或其他海鮮只占盤子的一小部分，雞蛋和雞肉偶爾可以代替魚肉。另外，請選擇健康的脂肪，好比橄欖油，而不是動物性脂肪。此外，也要經常適量地攝取乳製品，包括非全脂或發酵產品，例如：優格、羊奶乾酪（feta）、莫札瑞拉起司（mozzarella）和曼切戈起司（Manchego）。盡量少吃的食物則是紅肉、加工食品（包括熱狗、火腿、香腸、肉類熟食、精製穀物、商業烘焙食品和甜點）、糖、鹽、奶油、人造鮮奶油（margarine）和奶油。

　　此外，植物提供了對大腦健康及功能至關重要的纖維、維生素、礦物質和抗氧化劑。因此，成年人每天推薦的攝取量是 2 杯半到 3 杯蔬菜，以及 1 杯半到 2 杯水果，但許多人的攝取量通常遠遠低於這個標準。

近來，人們越來越熱衷於研究「微生物群系」（microbiome）。所謂微生物群系，就是人體腸道內的 100 兆個細菌。某些有害細菌會產生讓人發炎的毒素並使人變胖，與此相對，有益的細菌可讓人瘦身並產生人體 90% 的「血清素」（serotonin）。血清素是一種神經傳遞物質（neurotransmitter），有助於對抗憂鬱和焦慮，這兩者都與自尊有關。

研究發現，「迷走神經」（vagus nerve）會將腸道與大腦連接起來，讓這 2 個器官能雙向傳遞的訊息。而攝取纖維植物性食物，例如：新鮮或冷凍水果、蔬菜和全穀類食物，可以促進微生物生態系統的平衡；吃發酵食品，例如：優格、克菲爾（kefir）、德式酸菜（sauerkraut）、韓式泡菜和發酵起司，也能促進人體健康；順帶一提，**運動和壓力管理有助於平衡微生物群系**。相反地，微生物群系的平衡狀態會因為攝取不健康的脂肪、加工的碳水化合物和抗生素而遭到破壞。

另外，**別忘了要隨時補充水分**。研究發現，稍微損失體液，就會讓人情緒不佳和破壞心理功能。水或適量的低脂、脫脂牛奶通常是不錯的選擇。

至於如何判斷水分攝取是否充足？可以觀察尿液的顏色，如尿液是清澈或淡黃色的，通常就表示人體攝取了足夠的液體；如果尿液呈現蘋果汁色或更深的顏色，則代表需要喝更多的水。

除此之外，請特別注意市售所謂的「能量飲料」（Energy drink）多半都是屬於有害健康的東西。雖然曾有人做過實驗指出，喝一份能量飲料就可立即改善認知和身體表現狀況。然而，研究也發現，若經常飲用能量飲料（每天喝 2 次以上），反而會讓壓力症狀變得更加嚴重；包括一些能量飲料聲稱可以抑制的症狀，譬如疲勞、睡眠問題、憂鬱、焦慮、攻擊性和創傷症狀，亦是如此。即便只是適度地飲用能量飲料（從每週喝 1 次到每天喝 1 次）也都會讓人產生憂鬱、疲勞和攻擊性等症狀，請特別留意。

（2）「睡眠」充足且規律

原則上，人每天要睡眠 7 ～ 8 小時或更長時間，才能使大腦正常運作，進而保持愉快心情，但多數的成年人都有睡眠不足的問題，其睡眠時數遠遠低於這個標準。**睡眠不足會讓人承受極大的壓力，導致皮質醇分泌增加，而一旦皮質醇分泌過多，就會產生壓力、憂鬱和焦慮的症狀，造成惡性循環。**另外，睡眠不足還會讓大腦的情緒中心活躍度提高 60%。因此，如果感到壓力、煩躁、焦慮或情緒低落時，請多補充睡眠，只要偶爾每晚多睡 20 ～ 30 分鐘，就會發現情況有大幅的改善。

除了每天要有充足的睡眠，規律也很重要，也就是每天在同一個時間睡覺和起床。這有助於強化大腦的「睡眠週期」（sleep cycle），而睡眠週期往往會隨著年齡的增長而減弱。

最後，「睡眠品質」是良好睡眠的第 3 個要素。人在睡前幾個小時若是接觸了光線，尤其是來自電子設備的藍光（blue light），自然的睡眠週期就會被擾亂，褪黑激素（melatonin）也會遭受抑制，但只要清晨在太陽底下運動，往往晚上就能睡得很好。因此，請試著在睡前至少 1 ～ 2 小時熄燈和關閉所有的電子設備，包括電視、智慧型手機和電腦螢幕，改聆聽舒緩身心的音樂、冥想或安靜閱讀來放鬆自己。另外，也不要在睡前 3 ～ 4 小時內進食，因為一旦身體需要消化食物，就會無法睡好；咖啡因、尼古丁和酒精都會干擾睡眠，因此，睡前幾個小時也請不要碰這些東西。

（3）養成「運動」的習慣

眾所周知，適度的運動能有效改善情緒，以及減少壓力、焦慮和憂鬱等類似症狀。神經科學日新月異，早已指出運動足以大幅度改善大腦的情況。因此，如果你目前沒有運動的習慣，請慢慢開始養成運動習慣，可以先從每天快走 30 分鐘開始，或者做其他連續有節奏的有氧運動，比如騎腳踏車或游泳。

除了有氧運動之外，建議還可以多做些能增加肌力和柔軟度的訓練以獲得額外的好處。不妨去發掘一項你喜歡的運動。記得，**運動時要感覺輕鬆愉快，不費力地去做，這樣才有可能長久地堅持下去。**另外，打太極拳和做瑜伽也是保持健康和減輕壓力的有效方法。如果你喜歡社交，說不定還可能會因此找到一群喜愛走路、打太極拳或做瑜伽的朋友。

易落實於生活中的 7 個健腦方法

除了 3 大基本的健腦要素之外，還有以下 7 種方法，亦有助於促進大腦的健康及其功能，從而奠定堅實的情緒穩定基礎。

(1) 生理疾病會影響心理情緒

研究已證實，某些常見的疾病會損害大腦功能並擾亂情緒。例如：不少人有輕微的甲狀腺素（thyroxine）失衡，便可能會因此出現類似於憂鬱和焦慮或嚴重創傷的症狀。而進行促甲狀腺激素（Thyroid-stimulating hormone，簡稱 TSH）測試，就可以確定你的甲狀腺素分泌量是否正常。如果你正在服用甲狀腺藥物，經常進行 TSH 測試可以確保你服用的劑量是正確的。

另外，如果罹患睡眠呼吸中止（sleep apnea），呼吸道就會在睡眠時塌陷。而為了恢復呼吸，你的大腦可能會在夜晚睡眠時，稍微將你喚醒數十次，但通常你不會記得自己曾醒過來，卻可能因此造成睡眠品質不佳。同時，患有睡眠呼吸中止人睡覺時會缺氧問題，因此白天容易感到疲倦、昏昏欲睡和沮喪。頭痛、中風、高血壓和心臟病發作也經常與睡眠呼吸中止有關，有創傷後壓力症候群的患者經常會有睡眠呼吸中止的情況。話雖如此，只要積極治療這種疾患，多半就能減輕症狀，包括不做噩夢等，改善睡眠品質及其所引發的情緒問題等。

除此之外，憂鬱症有時也與膽固醇過高有關，因此只要服用藥

物或改變生活方式來降低膽固醇的數值，就能減緩憂鬱的情況發生。而高血壓會導致損害大腦的微出血（microbleed），因此服用藥物或改變生活方式來控制高血壓也很重要。

　　幸運的是，這些生理疾病都是可以治療的。所以請諮詢你的醫生，以確定沒有罹患這些疾病或者已接受適當的治療，千萬不要讓生理問題影響了心理情緒。

（2）盡量減少碰觸農藥、污染物和防腐劑

　　在我們生活的環境中，許多化學物質具有神經毒性。自己種植食物和自行準備菜餚或食用有機食品，就能大幅避免食用防腐劑（存在於加工食品）和殺蟲劑（可在農產品中發現）。

　　另外，走過人工處理的草坪或高爾夫球場，殺蟲劑（和除草劑）也可能依附在鞋底而進入家中，千萬要多加留意。避免吸菸、使用優質的空氣濾清器，以及卡在車陣時使用循環車內的空氣等，都能用來減少家中或汽車內的污染物殘留。

（3）保持口腔健康

　　治療和預防牙齦疾病，能防止毒素進入血液，從而使大腦發炎。每天刷牙、使用牙線並定期洗牙，不要吸菸，同時也要睡眠充足和補充水分，避免壓力；因為一旦承受壓力，口腔就會變得乾燥。

（4）盡量減少使用抗膽鹼藥

　　抗膽鹼藥（anticholinergic medications）會阻斷一種名叫「乙醯膽鹼」（acetylcholine）的主要神經傳導物質。而這類藥物包括抗組織胺（antihistamine）、非處方助眠藥、安眠藥、鎮靜劑、抗潰瘍藥和三環抗憂鬱劑（tricyclic antidepressant）。

　　因此，請跟醫生討論，不要再服用這類藥物、減少劑量、改用別種藥物，或嘗試非藥物的治療方法，比如：採用其他方法治療憂鬱症或睡眠問題。從長遠來看，靠非藥物療法治療睡眠問題的效果

與服用藥物一樣好，甚至更好，而且沒有副作用。注意，雞蛋富含膽鹼（choline），食用後身體會自動將其轉化為乙醯膽鹼。

（5）停用具有神經毒性或使神經發炎的藥物

具有神經毒性或會導致神經發炎的物質，包括非法藥物和過量吸食咖啡因、尼古丁、酒精和大麻。過量使用這些藥物會讓大腦的功能發生變化，而在解剖人體可看出，變化發生前幾年就能從大腦掃描圖中看到這些變化。

雖然服用這些藥物可以減輕痛苦，感到平靜，但效果是短暫的。與此相對，只要我們找到更深層次的平靜以及獲得澈底的療癒，就不再需要使用這些藥物來短暫消除痛苦了。

（6）多曬太陽和接觸大自然

清晨的陽光有助於調節睡眠，同時還能使人快樂，因此有些人會選擇一大早起床就去曬太陽和運動。根據研究，有些人對光線不足非常敏感，到了寒冷和黑暗的冬季，這些人只要坐在亮度接近春天清晨太陽強度的燈箱前長達 1 個小時，便會感到更加愉快。

原則上，只要每週接觸大自然 3 次，無論是坐著休息或隨意漫步 20～30 分鐘，就可以降低皮質醇的分泌量。另外，多留意身邊所見的事物和聽到的聲音、呼吸新鮮空氣，以及體察其他的感覺；少用科技產品或者進行有氧運動來避免分心，也有所幫助。簡單來說，只需待在大自然的環境，享受幾分鐘的悠閒時光，讓思想自由奔放，情緒自然也就會跟著放鬆起來。

（7）管理壓力

每當我看到有人感到非常痛苦時，都希望他們盡快消除痛苦；希望能提供他們一種永久緩解痛苦且沒有不良副作用的方法。雖然我知道，目前沒有任何藥物能夠做到這點，但我知道有不少治療法

和技巧能逐漸減輕情緒上的痛苦，不僅能使他們振奮精神，還多半能治癒過往隱藏的創傷。

然而，若想要達成這些成效，有時得尋求熟練的治療師幫助、有時需要與他人建立健康的關係，有時則是我們自己要運用經驗和努力去做。現在，你已經學習能幫助你管理壓力的技巧了。而在接下來的章節中，將持續介紹更多能幫助各位管理壓力、使心情更加愉悅和治療受損自尊的方法。

許多人發現，持續記錄心得可以激勵自己，使他們做事更加嚴謹有條理。當你回顧上述強健大腦的 10 種方式時，不妨同時制訂一項自認能堅持下去的「大腦照顧＆強健計畫」。請參照以下表格進行。

我的大腦強健計畫

■ 強健大腦的 3 大基本要素：營養、睡眠、運動

1. 均衡攝取營養：我將遵照以下的健康飲食計畫（請在次頁寫下每週的菜單，以便幫助你實施這項計畫）：

   _____

   _____

   _____

2. 充足規律的睡眠：我每天會睡 _____ 個小時，晚上 _____ 點睡覺，早上 點起床，即使週末也是如此（每天的睡眠時間長短差異，請不要超過 1 小時），同時，我會做以下的事情來改善睡眠品質：

   _____

   _____

   _____

---

3. 養成運動的習慣：我每週都會進行以下的有氧運動（比如：走路、游泳或騎腳踏車）或者進行高強度的間歇訓練。請指定天數和運動量：

_____

_____

_____

此外，我還會做以下的肌力練習（例如：使用彈力帶或啞鈴）和柔軟度練習（例如：瑜伽或伸展運動）。請指定練習類型、運動量和天數：

_____

_____

_____

■ 易落實於生活中的 7 個健腦方法

我將採取以下的措施來照顧自己、盡量減少使用具有神經毒性的藥物、多去曬太陽、接觸大自然和管理壓力：

_____

_____

_____

_____

_____

_____

_____

_____

_____

_____

我的每週飲食計畫

請寫下你打算每天食用的食物和飲料，以及每種食物和飲料的數量。

	早餐 / 點心	午餐 / 點心	晚餐 / 點心
星期一			
星期二			
星期三			
星期四			
星期五			
星期六			
星期日			

檢查你的飲食計畫是否 OK ？

制訂每週飲食計畫以後，請檢查你的計畫是否符合前述、經過充分科學研究與實證的營養指南。在此假設你是成年人，為此每天需要大約 2000 卡的熱量，而你的每週飲食計畫是否提供：

- 大約 2 杯新鮮或冷凍水果以及 3 杯各種新鮮或冷凍蔬菜？
- 水分是否充足？（至少需要喝 9 ～ 13 杯的液體，這取決於你的體型、運動量和體溫。建議最好是喝水來補水分）
- 每天是否大約攝取 140 ～ 170 公克的健康蛋白質，如：魚、雞蛋、雞肉、豆類或豌豆、堅果或種子？（吃魚肉對大腦特別有益，建議每週至少攝取約 225 公克；請要求自己幾乎天天吃堅果、種子或煮熟的豆類；少吃紅肉或加工肉品）
- 是否大約有喝 3 杯低脂或脫脂牛奶、優格或加鈣豆漿？（有時可以用 30 ～ 60 公克的低脂或無脂起司代替 1 杯乳製品）
- 是否經常（完全）吃全穀類食物？（全穀類食物比加工穀物含有更多的纖維、B 群維生素、抗氧化劑、礦物質和有益人體的植化素。每天最好攝取大約半杯的全穀物食物）

一般來說，營養均衡、豐富的飲食計畫，還需要盡量減少或避免攝取含糖高鈉的食物、加工食品、脂肪或速食，也不要喝汽水、含糖果汁、糖果、薯條、椒鹽脆餅（pretzel）、含有精製麵粉的麵包或漢堡、烘焙甜點、全脂乳製品和奶油。事實上，只要攝取足夠的營養食物，自然就很容易減少或避免吃這些不健康的食品了。

做出一些改變，大腦就會有感覺

本章介紹了促進大腦健康及其功能的 10 個重要方法，可為你即將學習的技巧做好準備。請盡你所能地去做，千萬不要感到不知所措。即使採取很小的步驟或改變，也能很快就收到顯而易見的效果。

據學者研究，年輕人只要遵循地中海飲食 3 週，跟那些沒有改變飲食的人相比，前者憂鬱、焦慮和壓力的程度都會顯著降低。不僅如此，在另一項研究中也發現，患有輕度認知障礙且久坐不動的老年人，在遵循類似於地中海飲食的飲食計畫、每週進行有氧運動 3 次並持續 6 個月後，這些長者的大腦就逆轉了 9 年的老化程度。

第 3 篇

重塑記憶的心像練習和漂回策略

第 8 章
4種依附關係的心像練習

　　快樂的童年記憶（如：想起深愛你的父母，便會充滿美好的回憶）與成年之後的情緒健康，有著密切的關係，因為幼年時期的毒性壓力會改變發育中的大腦迴路。甚至，正如本書第一篇所提到的，這種過程在嬰兒還在子宮內發育時就開始了。

　　因此，問題在於如果與主要照顧者*不親密且沒有美好的回憶時，該怎麼辦？**負面的神經模式可以重新連接嗎？**如果要給個簡短的回答，我會說「可以」，因為大腦具有可塑性，能改變和重新連接神經迴路。然而，這通常不會只藉由「領悟／洞察」（insight）或理解來實現。

　　毒性壓力所造成的記憶，不會在大腦的思維和語言區塊發揮作用，而是在大腦的視覺、情感和本能部分發揮作用。人類用來領悟或理解的部分是被記錄在左腦，而根據美國創傷研究先驅和精神病學家貝塞爾・范德科爾克的研究，若欲重新連接這些記憶，需要採用比「領悟或理解」更深層的策略：右腦能治療受到創傷的大腦，因為它能記錄著我們所感受到的愛、安全和平靜。而現已有科學實證指出，「心像」（imagery）能深入大腦中語言和思維無法觸及的區塊。我們都知道，調節身體有助於調節大腦，所以心像也可以幫助身體感受愛、平靜和安全，來間接影響右腦。

---

*註：如前所述，本書會交替使用「母親」和「主要照顧者」這兩個詞語。基本上，在嬰孩剛出生的前18個月內，首選的主要照顧者通常是母親。然而，照顧者也可能是其他的幫手或家人。「父母／雙親」和「主要照顧者」也會互換使用。

本章和接下來的第 9 章～第 12 章，將介紹能增強和穩定神經系統的心像練習，進而幫助我們重新開始連接大腦。**這些心像練習的重點是創造新的養育經驗，而不是直接修復以往令人不安的記憶。**有時會想像自己曾受到理想照顧者的養育，從而模仿健康的依附經驗；但有時又會練習「自育」（self-nurturing）以建立更多的正面神經迴路。而待各位如此強化之後，就可以做好準備，在後面的章節直接去修復不愉快的記憶。

　　你可能會發現，心像是一種不尋常的體驗，且也許以前從未嘗試過。因此，請務必給自己一些時間來習慣這種練習。如果你練習的心像與現實生活不符，也沒有關係，別忘了，在心像之中一切都有可能。只要能夠專注和重複練習，與新心像有關的神經迴路就會更加強大。所以，不妨以開放的心態去接觸心像，因為過程中最重要的是「培養好奇心」，而有了這種嘗試創造新體驗的態度可能會對你受益良多。看看會發生什麼。你可能會發現，當你越練越熟練時，心像就越來越有效，也會讓你感到越來越愉快。

　　現在，我們即將開始本章的 4 個心像練習，不過在此之前，請先找到一個舒適且能使你放鬆心情的地方，同時讓你在練習時不會受到干擾。另外，在正式開始前，也可以使用第 6 章和第 7 章列出的方法來澈底放鬆身體。

　　連續練習第 1 個心像練習至少 3 天，看看效果如何。請盡量集中注意力並完全沉浸在心像之中。多數人會發現，閉上眼睛有助於讓人輕鬆集中焦點；如果覺得閉上眼睛不舒服，也可以稍微往下看，降低視線即可。另外，也請在附錄 A 的「修復練習紀錄表」寫下你的經歷和感受。然後在接下來的 3 個心像練習中重複這個過程。你可以跟本書的其他療法一樣，一次同時閱讀這些說明並加以應用，也可以請別人讀給你聽，或者事先自己錄製，然後再播放聆聽，跟著聲音的指引進行。

(1) 重回子宮內的心像練習

請各位回想一下,在母親懷孕的最後 3 個月,嬰兒可以聽見母體的聲音並有所感覺;因此,從子宮內心像開始是有其道理的。

作法

① 想像一下你是位在母親子宮內的一個嬰兒;你的母親正準備迎接你的出生,她坐在最喜歡的搖椅上,前後來回搖晃。

② **你感覺到母親心滿意足,她對自己的生活感到滿意,也能感受你父親(或伴侶)的關愛和支持。**當你母親來回搖晃時,你聽到她哼著舒緩的旋律。她想要你、期待著你的到來,而你也能感覺到這一點。

③ 你位在她的子宮內,受到妥善的保護。你的身體感覺很舒適,感到有緩衝、也感到安全和溫暖。你可以聽見母親節奏明確的心跳聲,和她身體裡的其他聲音。

④ **她很平靜,所以你也很平靜。**你覺得自己與母親合而為一,感覺很安全、有保障、受到保護和珍惜,以及被人需要。你感覺到自己身體裡的感覺。

⑤ 追蹤你體內發生的事情。你的身體現在感覺如何?注意你的心跳、呼吸、胃部、胸部和喉嚨。你現在的情緒如何?

(2) 母親&新生兒的依附心像練習

人在幼兒時期,需要感受到與照顧者有親切的聯繫,心與心的溝通比言語交流更為重要。嬰兒在剛出世的最初幾個月內雖無法理解單詞,卻能感知和感受各種非語言的交流。

作法

① 想像你是出生不到 2 歲的嬰兒。你生長在一個讓你感到愉快的地

方，也許是裝飾得很歡快活潑的臥室，或者壁爐裡有著火光的舒適家庭。**想像你有一位撫慰人心且充滿愛心的母親，她溫柔善良且心思敏銳，能體察你的需求，對你悉心呵護、關愛備至。**

② **你感覺得到她很喜歡和你在一起，你會聽到她流暢的話語和舒緩的聲音。**她說話時聲音悅耳，就像一首歡快的旋律。她快樂、自信和平靜。有時你會轉身，聆聽她俏皮的聲音。你信任母親，因為她心地善良；你知道她會照顧你。她讓你感到平靜且安全。

③ **想像你母親深情擁抱著你。**你感受到她身體的溫柔和溫暖，也聽到她讓人舒緩的聲音。她的身體很放鬆，這讓你也感到很放鬆。她以流暢均勻的動作，輕柔地調整你的位置，讓你感到很舒適。

④ **你感到很安全，和她非常親近。**你能感受她的心跳和呼吸的節奏……緩慢而放鬆。她輕輕撫摸你的額頭，揉揉你的肚子。當她用柔軟的臉頰碰觸你的臉頰時，你很享受與她皮膚摩擦的感覺。她喜歡你散發的嬰兒氣味，而你也喜歡她身體的氣息。

⑤ 然後你轉向你的母親，聆聽她舒緩誘人的聲音，你也能看到她的臉，她帶著微笑，心情愉快，散發光芒，整個人非常安詳。你看到她慈祥的表情……，你們目光相遇，彼此交換了充滿愛意的眼神。你感覺你們的心心相連，心跳合而為一。你對她俏皮的手勢和聲音做出輕柔地回應並微笑。她也回以微笑。

⑥ **你內心感覺她喜歡和你膩在一起，你覺得屬於這裡。**你的身體非常放鬆……，你感覺安全……，安穩……，和被愛。你在寧靜中感到非常舒服，一切無需多言。你躺在母親的懷裡，安然無恙。

⑦ **你感到一種平靜……，被人關愛……，你母親愛你，別無所求。**你的心會為這個甜蜜溫柔的時刻「拍照」，永久留存內心。

⑧ 你知道母親和你在一起非常開心時有什麼感覺？你是否感到安全、安穩、滿足、平靜和興奮？在你的身體裡追蹤這種感覺。你的身體如何感受？請仔細留意各種感覺和情緒。

（3）父母或照顧者之愛的心像練習

　　孩子們需要感覺他們與照顧者有著親密的關係，需要有心連心的感覺，並要能接收到這樣的訊息，才會知道自己是被人關愛的。事實上，即使長大成人以後，接收這些訊息也很重要。有趣的是，我們在生活中有機會學習這一點。

黛娜的故事

　　在進階應對技巧的課程上，我會在學員練習依附心像之前討論關愛訊息的原則。黛娜 35 歲，再度回來上這門課。她很聰明，也討人喜歡，但她卻焦慮和自卑，並為此深受困擾。35 年以前，黛娜的父親「拋棄」了她。黛娜的母親告訴她：「妳父親拋棄了妳，是因為妳個早產兒。他嫌妳醜，而且他說他不愛妳。他病了，妳的缺陷都來自於他。」黛娜收到父親的卡片和信件，卻沒有回覆，因為她擔心會讓母親傷心。

　　在某個週末，黛娜的父親打電話來。他在幾個州以外的醫院，即將死於癌症。他問黛娜，兩人是否可以談談。黛娜心不甘情不願地去了。她鼓起勇氣，希望探訪父親時能簡短快速和輕鬆愉快。她開車時心想：「如果老爸說我不夠好，該怎麼辦？萬一他是個變態的流浪漢，又該怎麼辦？」

　　當她抵達醫院時，她看到父親很有愛心且富有同情心。他告訴黛娜，說他曾為了她的監護權而戰，但他輸了。他很沮喪，但很快便振作起精神，然後再婚。他告訴黛娜：「我認為妳是最美麗和最珍貴的寶貝。我愛妳，我很高興妳能夠來到這個世界。我想要照顧妳，但法院不允許我這樣做。」黛娜和父親擁抱在一起，兩人相處了 8 個小時。

　　黛娜那週回來上課時容光煥發。因為她知道父親不是一個壞人，她也不是壞人；父親生前的訊息深切地療癒了她。

　　每個人都需要聽到關愛的訊息，才能正常發展人格。黛娜何其有

幸，能接收到這種訊息。在理想情況下，這些訊息應該在嬰兒剛出生的最初幾週就要傳達給她知道。不過沒有關係，**如果有人缺乏關愛、幼年記憶沒有這些愛的訊息，「心像練習」可以加以取代。**只要不斷重複心像練習，新的記憶迴路就會更加根深蒂固，重新獲得被愛的感覺。

作法

這種心像練習能織入每一個人都需要聽到的記憶訊息。想像一下，你目前是個 3 歲的小孩，大腦的語言區域正在發育。在這個階段，你聽到自己需要聽見的訊息時，可能只會一知半解，唯有當你能完全掌握字面意思時，照顧者的感情語氣才能烙印到你心中。另外，在這個年齡時，也會開始察覺到其他重要的照顧者。

① 想像一下你正躺在搖籃休息，感到渾身舒適，也許你位在舒適的臥室或壁爐旁的客廳。想像一下，你的身邊有理想的父母親。你從他們的手勢、姿勢、表情和語氣，感覺到他們相親相愛，所以你也感到平靜和安全。

② **想像他們用關愛的眼睛注視著你。**留意他們充滿愛意的表情、舒緩的語氣和輕柔的肢體動作。他們完全和你同在……，全心全意和專心地照顧你。你在他們面前，感到自己被關愛和被需要。你們的目光相遇，你看到他們充滿愛意的目光時也會加以回報。也許父親或母親輕輕將一隻手放在你的肩膀上，用另一隻手輕揉你的頭髮或撫摸你的臉頰。他們微笑著，享受與你同在的時光。**你會微笑……，感覺自己和父母十分親近。請在你的身體裡，感受這種感覺。**

③ 想像他們非常親切，兩人交替傳遞這些訊息，你會聽到他們接連說話。你會聽到他們用悅耳的節奏和語調，說出以下的話語：

　　　歡迎你來我們家。

我們很高興你能在這裡……，

生活中有你，讓我們很高興。

我們以前就希望你能生在我們的家庭。

我們很高興你是個女孩（或男孩）。

你是我們的心肝寶貝。

我們愛你……，就像現在你這個模樣……。

雖然你有點臭，不停蠕動，但非常美妙。

我們會永遠愛你……，永遠不變！

我們看你、聽你、觸摸你以及和你說話的方式，

你就會知道我們愛你。

你對我們來說太美了。

我們的孩子都心地善良和美麗……，

和你們相處非常有趣。我們喜歡和你共度時光。

我們喜歡看著你發育成長。

我們知道你會是個好寶寶，日子也會過得很開心。

你的所有感受我們都知道。

你感受到的，我們也會感受到。

當你快樂時，我們也和你一起快樂。

當你哭泣或害怕時，我們會抱起你，

將你抱在胸懷和安慰你……，你知道一切都會好轉。

當你生氣時，我們會減輕你的痛苦。

我們會照顧你……，愛你和保護你……，

幫助你學會照顧自己。

你會永遠記住我們的愛，然後從中找到慰藉。

他們擁抱你……，給你充滿愛意、柔軟溫暖的擁抱。你感到十分輕鬆。當你思考和享受這一刻時，你會微笑，感覺全身暖洋洋。

④ 最後，檢查你的身體和感覺。追蹤你的心跳、呼吸、腸道和其他的身體感覺。留意你的情緒發生了什麼轉變。

（4）新寶寶誕生後的心像練習

如果你的主要照顧者因專心照顧另一個兄弟姐妹，讓你感覺自己被忽視，那麼由美國學者麥肯齊（Clancy McKenzie）和萊特（L. S. Wright）於 1996 年所提出的心像練習，可能就會派上用場。

作法

① **想像你有一個剛出生的弟弟或妹妹從醫院被接回家。你的母親衝向你，滿心歡喜地擁抱你。**她很高興見到你，你也感受到她的喜悅。你的母親告訴你她很想你。然後她說道：「你想見見你的新弟弟（或妹妹）嗎？」也許你懷著好奇心，偷看你的新弟弟（妹妹）……，並微笑。

② 你聽到媽媽對你說：「我們會永遠珍惜你。就算我們有更多的小孩，我們也會愛你，不會改變。我們把你當成心肝寶貝。」你感到安全、安穩和被愛。你感覺到你的父母在和你互動時非常快樂、安穩和欣喜。

③ 追蹤你現在的身體感覺。有什麼感覺？你出現怎樣的情緒？

追蹤你的依附心像練習結果

依序練習本章 4 種與依附有關的心像練習。每天練習一種，連續練習 3 天，然後將感受記錄在附錄 A 的「修復練習紀錄表」或以下空處。另外，也請思考一下，日後是否願意重複這些練習，以便進一步烙印這些新的體驗。

_____

_____

_____

_____

第 9 章

善待自己的自育心像練習

所謂的「自育心像」（Self-Nurturing Imagery），是一種灌輸對自己友善和支持自我的模式。

假使別人對你不友善，你不妨就去愛自己；如果你沒能從照顧者那裡得到足夠的愛，那麼，學習成為善待自己的父母尤為重要，如此就能提供幼年時所缺乏的關愛。

這是一項可以後天培養的強大技巧，足以正面改變大腦的迴路，進而輔佐創傷治療。雖然創傷治療旨在消除令人不安的記憶，但這種心像的目標，是要提供年幼時缺乏的必要養育經驗來舒緩神經系統。接下來的 2 個心像練習，**著重於養育你幻想中的嬰兒，同時改變你感受自己的方式。**

這個幻想中的嬰兒代表年幼時的核心自我，而這個核心自我至今依舊如此。另外，可以根據你的需要，去調整代名詞以符合你的性別。你可以跟本書的其他療法一樣，一次同時閱讀這些說明並加以應用，也可以請別人讀給你聽，或者事先自己錄製，然後再播放聆聽，跟著聲音的指引進行。

新生兒的自育心像練習

在這個心像練習中，你會想像看見自己出生的那一天，而地點是在一處安全的地方，好比醫院的分娩室或托兒所、家中舒適的房間，或你能想像的任何安全場所。然後你要提供自己當時需要的所有自育經驗。

作法

① 找一處安靜的地方，大約需要 20 分鐘不受別人打擾，你要坐得非常舒適。花點時間收集對你沒有幫助的消極想法，想像它們就像風中的煙霧，逐一飄散而去。輕輕閉上雙眼，然後放鬆，輕鬆緩慢地呼吸，**緩解自己的壓力，放鬆身體的所有部位**，然後再次呼吸。

② 再過一會兒，你就會見到自己出生第 1 天時的新生兒模樣……，透過想像，一切都有可能。你開始在內心要為這次溫柔珍貴的相遇做好準備。要帶著某種滿足感，知道自己倖存下來了，並且克服了很多難關。

③ 成年人的視角：

現在你要來養育那個嬰兒。你現在是個成年人了，為人堅強、聰明又善良，而你非常想要照顧這個小傢伙。你知道自己過去做出的任何不明智選擇現在都無關緊要，因為那個嬰兒只想要一個願意愛她和保護她的成年人，那個大人會因為她的存在而高興。**這個人雖然不完美，卻很真誠。你就是那個成年人……，你已經夠好了。你只要心平氣和，內心充滿了愛，這樣就足夠了。**

你知道那個嬰兒會感覺到你是安全和平靜的。所以你要花點時間讓你的心放輕鬆，心要變得溫暖和開放……，能規律且平靜地跳動。**當你想到嬰兒的需求時，你知道自己能夠滿足他們。你感到自信心十足。**

現在去接近那個嬰兒。她就在那裡……，躺在搖籃裡……，多麼可愛、多麼天真……，多麼讓你感到驚奇！你舉止非常自然，以有節奏的動作慢慢走向那個孩子，然後平靜輕柔地伸出雙手抱起她。

④ 嬰兒的視角：

現在想像你是那個剛出生的嬰兒，躺在搖籃裡，努力適應這個世界的新鮮事物。**你感覺到向你問候的成年人是善良、安全和**

平靜的。你會發現成年人很放鬆，充滿自信，舉止輕鬆，讓你感到安心。你在尋找善良和關愛，這個大人就能給你這些。

你有一點點擔憂，感覺有些不舒服。你感覺那雙強壯的手臂輕輕抱起你，溫暖地擁抱著你。你聽到這位大人用溫柔的語調安慰你：「別擔心，我在這裡。我和你在一起。我愛你。」當你輕輕前後搖晃時，你的身體會放鬆……，**你會感到被愛、安全、受到保護以及享受其中**。你感覺到這個大人很善良和有能力，足以讓你信任。你體驗到這些感受，感受這個大人與你在一起的喜悅，所以你很愉快。你聽到這個成年人的心跳，緩慢而有規律，你感覺那雙強壯的手臂輕輕抱著你，這種感覺是多麼讓人感到安慰和平靜。這位成年人溫柔親吻你的臉頰，握住你的小手指……，你感到被愛……，滿足於這一刻……**在你的心裡，你對這個大人感到溫柔的關愛和信任**。你感到安全……，認為你屬於這裡。

⑤ 回到成年人的視角：

感覺小寶貝依偎在你的懷裡，真是太討人喜愛了。你和那個嬰兒合而為一，因為你們的確是一體的。而且你知道，無論未來發生什麼事情，你都會和那個嬰兒共同面對一切。你永遠都會呵護她，一直帶著善意，和她一起克服困難……，無論事情大小，永遠都要享受快樂……，隨時準備保護你不斷成長的自我。

⑥ 在接下來的幾分鐘裡，你只要去感受嬰孩的溫暖，和她親近，聽她的呼吸，聞她甜美的嬰兒氣味。而且你知道，無論那個孩子日後在哪裡，你都會支持她……，帶著愛意……，鼓勵她……善待她……，保護她……，確保那個孩子日後的生活是光明美好的，能夠享受許多愉快的時光。你感覺內心完整充實。你的心充滿了光和愛。

⑦ 再坐在那裡片刻，帶著驚奇去看著那個寶貴的新生兒，和她融合為一體。想像一下，**你和嬰兒都在輕鬆地呼吸，呼吸著關愛、希**

望與平和。開始呼氣，消除緊張，不要憂慮，拋開任何對你無益的事情。真的，你們 2 個都在呼吸，你們的心在同步跳動。

⑧ 當你準備好時，開始移動你的身體，移動你的手和手指、手臂、腳和腿……，逐漸移動身軀。準備好以後，再慢慢睜開眼睛並且微笑。

⑨ 追蹤你對這項練習的反應。你的身體感覺如何？你的情緒如何？

讓陷入困境的孩子安全前行

這個心像練習會植入一種想法，就是「任何令人痛苦的情況都不會永久存在」，隧道盡頭肯定有光亮。你可以感受到安全，並持續保有對更美好生活的想望。

作法

① 坐在一處安靜的地方，可以不被打擾約 15 分鐘。放鬆身體、舒緩呼吸，釋放僵硬的感覺。如果閉上眼睛不會令你感覺不舒服，不妨閉上眼睛。接著，想像一下，現在的你正處於剛出生的前 2 個月。你是個嬰兒，但已經能意識到周圍環境給你帶來的痛苦。你希望能找出秩序……，感覺到平靜……，感受到和諧。

② 看看誰來了！在前面的心像練習中，與你打招呼的正是那位可靠的成年人。你認出了他……，他堅強、睿智和善良。**那是成年以後的自己……，已經成為有能力、有愛心且值得信賴的成年人。**他很高興能見到你，你也很高興能見到他。那個成年人輕輕向你伸出雙手，把你抱了起來……，他充滿愛心，用強壯的手臂將你抱在懷裡，讓你感受到關愛，而且他也知道你需要什麼。你感受到保護，你的身體開始放鬆。他以非常舒緩的口氣說道：「孩子，跟我來，我會帶你到一個更安全的時空。」你們一起離去……，向前邁進……，兩人都很高興，而且彼此信任……，你們來到一個舒適宜人的房間……壁爐裡的爐火讓你們感到溫暖……當你被

抱著且前後搖晃時，你會聽到讓你舒緩的背景音樂，你躺在懷抱裡，前後搖晃，感到非常安心。

③ 這位成年人用平靜的語氣說道：「你現在安全了。你永遠都不會再孤單。總會一個人會照顧你，那就是我。**你可以依靠我。不管發生什麼，我都會永遠愛你。**」雖然你年紀還太小，聽不懂這些話，但你能感受到他的真心。這讓你感到安全……，平和……，寧靜……，充滿著希望。想像一下你在這個安全的地方被人溫暖地抱著，感受嬰兒體內的感覺。**感受身為嬰兒的自己的情緒，並留意嬰兒身體的哪些部位經歷了這些情緒。**

④ 現在，轉而想像一下，身為成年人的你，正抱著那個寶貝嬰兒，感受他可愛身體的溫暖和重量。你知道無論那個寶貝在哪裡，你都會一直關心他、保護他，總是會替他著想。你有一種完整充實的感覺。當你稍微享受這些感覺時，讓你的心和呼吸變得緩慢有規律。當你準備好以後，再睜開眼睛。

追蹤你的自育心像練習的結果

依序練習這 2 種心像練習。每天練習一種，連續練習 3 天，並將你的感受記錄在附錄 A 的「修復練習紀錄表」，或在你的日誌、以下空白處寫下練習後的感受與身體變化。

同時，在往後的日子裡，考慮一下嬰兒需要什麼養育經驗，同時想像自己是有愛心的成年人，可以滿足這種需求，無論是抱著他、給他安慰，還是給予關愛和鼓勵他。

_____

_____

_____

第 10 章
重拾自我好奇心的探索心像

　　孩童若能安全依附照顧者，就會將照顧者視為安全的基地；這個基地能讓孩子充滿自信地探索世界，發現其中的樂趣，並在這個讓他們振奮的新領域找到出路。同時，可靠的照顧者也是孩童需要重新恢復情緒時的避風港。

　　孩子們此時會開始學習，在聯繫照顧者和獨立自主之間取得平衡。蹣跚學步的孩子一旦探索之後變得焦慮時，就會回到安全基地（值得他們信賴的照顧者）去尋求慰藉和安慰。他們會根據需要返回安全基地，將照顧者當作避風港，直到他們準備好再次去探索這個世界。也就是說，**如果能以獨特的方式和父母維持穩定關係並相互扶持，就有助於我們找到自信進而向外探索；如此一來，往後長大成人之後，便能順利地適應社會、具備復原力、獲得能力和有所成就。**

　　本章的探索心像練習建立依附心像練習之上，同時能使依附心像的練習成效更為鞏固。

　　「心像練習」的重點在於重拾好奇心、自信和冒險精神，藉此代替童年創傷經驗所導致的焦慮、憂鬱、自我厭惡和其他症狀。你將想像的不是記憶，而是新的場景，也就是要創造擁有安全基地並樂於享受的新體驗。在本章，各位將練習 2 種類型的探索心像：第 1 種是有理想並支持你的父母，第 2 種則是以自育經驗為主；第 2 種方法強化了自我慈悲的模式，對於難以想像理想父母的人來說，它可能特別有用。

　　同樣地，你可以跟本書的其他療法一樣，一次同時閱讀這些說

明並加以應用，也可以請別人讀給你聽，或者事先自己錄製，然後再播放聆聽，跟著聲音的指引進行。

想像理想父母的探索心像練習

在這個心像練習中，將試著去感受擁有支持你的善良照顧者的感覺。當你充滿自信出外冒險時，他們會和你一起分享探索和學習的樂趣。

作法

① 找一處安靜的地方，可以 15 分鐘不受別人打擾。請緩慢呼吸，好好休息、釋放和放鬆。務必消除緊張和任何負面想法，並讓呼吸的柔和節奏深深放鬆你的身體。

② 現在，想像你是蹣跚學步的嬰孩，年紀可能是 1 ～ 2 歲。創造一個你可以嬉戲和探索的場景，那裡有兒童房，房裡有很多玩具，還有花園、公園和海灘，而你正在散步。這是你的心像，不妨挑選你想要的東西。

③ **想像 1 位或 2 位理想的父母，他們善良、有愛心，而且全神關注著你，**坐著看你準備去探索。你感覺他們很平靜……，他們很高興，喜歡待在你身邊，和你一起生活……，這讓你感到安全、平靜和快樂。

④ **盡可能把場景想像得更詳細些。**留意你和他們在哪裡。留意你周圍的環境。你看到、聽到、聞到和感覺到什麼？例如：如果你在戶外，陽光照射或微風吹拂在皮膚時，你有什麼感覺？

⑤ 眼前的世界太有趣了！你很想去發現新事物。**當你開始外出探索時，可以感覺到父母信任你，他們也很高興你已經準備去探索周圍的世界。**他們放任你去探索，但他們會待在旁邊，滿足你的需要，讓你感到安心……，安慰你……，鼓勵你……，確保你的安全。你知道他們愛你，他們也喜歡看著你自己出外探索世界。

⑥ 請回頭看看他們，看到他們親切的面孔。你從父母的表情知道，他們認為你有能力……，充滿潛力……，能獨自探索這個世界……，一切都是值得的。他們微笑並鼓勵你。你會聽到他們說：「看看你！你正在探索世界，真是太棒了。這多有趣啊！」

⑦ **你喜歡探索。你感到安全、受人保護和感到安穩……，你知道他們就在附近。**當你探索時，你感到有信心和有能力……，你抱持好奇心、有所渴望、全身充滿活力和熱情。當你在冒險時感到安全、被人關愛和受人保護時，請留意你的身體有什麼感覺。

⑧ 過了一會兒，你回到父母溫暖的懷抱……，只是因為你感覺這樣很舒服。當他們親切地把你抱在懷裡時，你能好好地安心休息，感受體內的特殊感覺。

⑨ 再過了一會兒，你又回去探索，享受其中的樂趣，因為你知道他們是你的避風港。他們會支持你。他們會尋找你。當你害怕時……，當你需要安慰時……，當你需要感受他們的愛時，你可以回到他們的身邊。他們會等待你，張開雙臂來撫慰你。在享受探索的樂趣時，你知道父母一直在關注著你，此時你的身體有什麼感覺？你有什麼樣的情緒？

以自我養育為主的探索心像練習

　　天生好奇的孩子可透過這種探索心像，來獲得自我養育的經驗。過程中，請根據自身需求連動調整代名詞以符合你的性別。

作法

① 找一處安靜且不會被他人打擾約 20 分鐘的地方，舒服地坐下。花點時間讓身體放鬆。留意你的呼吸……，吸氣時，腹部會上升；呼氣時，腹部下降。看看專注於呼吸能如何幫助你整理思緒，並使你放鬆身體。在這種放鬆的狀態下，準備好開始體驗獨特的心像練習吧！

② 採取成年人視角：

　　想像一下，你現在是個成年人，住在一間非常舒適的房子裡。後院很漂亮……，柔軟的綠草就像一張地毯。院子周圍是可愛的樹木。在這個近乎完美的春日，你坐在後院舒適的椅子上。微風徐徐，陽光溫暖，光線照射在皮膚上，感覺非常舒服；空氣中瀰漫著鮮花盛開的芬芳。

　　在這個平靜的時刻，你抱著曾經蹣跚學步的你，當時你也許大約只有 16 個月大……，憑藉想像，一切都有可能。那孩子是**何等珍貴！當他依偎著你時，你感覺到他溫暖的重量壓在你的身上**，你將這個蹣跚學步的孩子抱在懷裡，非常享受這種感覺。

　　這個孩子很滿足，依偎在你的懷裡，享受你們的親密關係。**你喜歡這些溫暖的時刻，你很高興這個小孩長得這麼健康……**，他的小胳膊和小腿強壯有力。過了一會兒，孩子開始四處張望，坐立不安，你知道他想要離開，所以你把他放了下來。

③ 採取嬰孩的視角：

　　你是個蹣跚學步的孩子，沉浸在大人的關愛和安慰之中，但你非常好奇，渴望去探索世界。你看到在不遠處有一個沙坑，然後朝那裡走去。你腳趾踩著涼爽的綠草，感覺非常舒服。你走了幾步，停下來回頭看看你信賴的成年人。

　　他靜靜地對你微笑，好像在說：「你做得很好。你在探索世界，這多麼美妙！看看你。你的小腿好強壯。一切都沒問題。**你需要我的時候，我就在這裡。好好去探險吧！**」你感到很滿意，繼續朝沙坑走去，你急忙踏進沙坑，然後一屁股坐下。

　　你開始玩沙，手指穿過沙子。你感覺好有趣！你把一些沙子放進桶子裡，然後提起桶子，感受你小手臂的力量，發現你的身體能做到這些而興奮不已。你瞧了一眼，看看那個成年人是否正在看你。他的眼中閃爍著微笑，跟你一樣感到快樂。然後你又回到沙坑裡去玩。

你專注於自己的新發現一段時間之後，想回到那個成年人的身邊，所以你開始往回走。那位值得信賴的成年人面帶溫暖的微笑且展現熱情。

當你靠近他時，他會張開充滿愛意的雙臂來迎接你。他把你抱到他的大腿上，緊貼著你，你們彼此微笑。無需使用言語，**你就知道這個成年人喜歡和你在一起，他會安慰、保護和鼓勵你。**你感覺非常舒適。

在接下來的幾分鐘，你沉浸在自己對那個成年人的親密感之中，他會說：「只要你需要我，我就會一直陪伴你。我喜歡看你邁出每一個步伐……，你會看到、學習和做很多事情……，未來會有很多美好的時光。我們將一起踏上這種被稱為『生活』的冒險旅程。」你們凝視著對方的眼睛，對著對方微笑，為此時能夠再度相處而高興。有這位大人在場和撫摸你，你感到非常安心。僅僅這片刻的親密關係，你就獲得你所需要的……，就是再次冒險的那種安全感。

過了一會兒，你環顧四周。那邊……，你看到花壇裡有美麗的花朵！然後你又高興地再次去探索……你知道自己可以再度回到那個值得信賴的成年人，從中獲得舒適和安全感。

④ 回到成年人視角：

享受片刻扶持你的年幼自我外出探索的感覺。你為一位正在成長的小孩提供了如此重要的安全保障，這真是太棒了。

你知道自己和年幼的自我的確是合為一體的。你也知道，無論在任何情況之下（無論是好或壞，或者普普通通，不上不下），你都是可靠的，能充分安慰和鼓勵年幼的自我。

你知道無論自己是處於最佳或最壞的狀態，都可以關愛對方。你經歷過困難，已經知道自己需要什麼……，你也知道如何安慰和養育自己。

⑤ 追蹤你的身體感受和情緒，坐下來體會一下這些感覺和感受。

追蹤你的探索心像練習感受

依序練習這 2 種探索心像。每天練習一種，連續練習 3 天，看看效果如何，並將感受和經驗記錄在附錄 A 的「修復練習紀錄表」或以下空白處。

另外，也請各位思考以下問題：

- 練習心像這種技巧時，是否越來越感到舒適自在？
- 是否願意讓自己透過心像去營造更愉快的童年經歷？
- 哪種心像練習會讓你感覺很舒服：想像理想父母或自育心像，還是兩者都行？
- 你可以想像自己能夠知道自己當下在情感上欠缺什麼，然後以平靜、同情或撫慰的態度來滿足這種需要嗎？
- 是否能夠改善心像練習，讓它們對你有更好的效果？

_____

_____

_____

_____

_____

_____

_____

_____

_____

_____

_____

第 11 章
回溯青少年時期的依附心像

　　青少年越來越成熟時，自然會更加自力更生；而所謂身心的健全發展，即是有辦法離開照顧者並逐漸變得更加獨立。

　　其中，安全型依附會促進這種轉變，且健康的依附需求也不會就此消失。

　　關心孩子的父母能給予健康的愛，而這種愛對於青少年以及他們日後的成長過程，仍然十分重要。然而，對於許多成年人來說，如果在青少年時期經歷童年逆境經驗所造成的依附中斷，就會受到創傷，而這種創傷會在往後的人生中持續受傷下去。

　　為此，本章的心像練習將提供各位在青少年時期所需，來自父母的治癒訊息，這將有助於創造一種全新的養育體驗。

　　各位可以跟本書的其他療法一樣，一次只閱讀這些說明並加以應用，也可以請別人讀給你聽，或者事先自己錄製，然後再播放聆聽，跟著聲音的指引進行。

來自關愛照顧者的訊息

　　在這個心像練習中，將收到每位青少年都需要聽到的訊息。與幼兒時期相比，青少年將語言訊息內化的能力更為完善，因此，這些訊息對身體的影響仍然很重要，甚至更有影響力。

　　請根據自身需求調整代名詞以及你和照顧者之間的關係。例如：你可以想像花時間與 1 ～ 2 位值得信賴的照顧者相處。

作法

① 找一處安靜的地方，大約可以有 20 分鐘不會被他人打擾。你要坐得非常舒適，腰桿挺直，就像一座巍峨的山脈，無論周圍的環境如何，你都不會改變。

② 請平穩呼吸、安定內心，只留意吸氣和腹部的上升，以及注意呼氣和腹部的下降。

③ 想像一下理想的父母或照顧者，隨心所欲地去想像。幻想這是美好的一天，你和他們在悠閒散步（或者你載著他們，輕鬆地開著車，甚至你和他們一起坐在壁爐旁邊）。

④ 你感到很安全，因為他們一直是你可以信賴的人……，他們一直在你的身邊。請特別注意，在這個讓你愉快的環境中，你的身體有什麼樣的感受。

⑤ 當你散步時，看看父母的模樣。留意他們的穿著、他們的姿態和手勢、走路的步伐和臉部的表情。**他們把所有的顧慮和工作擺在一邊，現在正全心全意地關注你……，有他們的陪伴，你感到很安全。**你跟這些值得信賴、充滿愛心的父母在一起，請留意你的情緒和身體的感受。

⑥ 想像這對父母很靠近你，也許他們偶爾會輕輕撫摸你的肩膀，或者用一隻手臂溫暖地摟著你。

⑦ 接著，你會聽到他們依序說出以下的話語。當你的身軀體驗並感受到每個陳述時，不妨停下來，讓每個陳述好好沉澱，澈底融入你的身體內：

> 我們就愛你這個人。
> 我們喜歡和你在一起。
> 我們喜歡撫養你。
> 你對我們很重要。
> 我們要謝謝你為我們家帶來的一切。
> 我們會永遠關心你。

我們發自內心，希望你永遠幸福。

我們愛你，你要感到安全。

你不必向我們證明你的價值。

我們尊重你的想法，也相信你具備能力。

當你找到屬於自己的生活方式時，我們會為你歡呼。

我們很高興看到你找到自己的才能和興趣。

你正在按照自己的節奏和方式，

成為有智慧和愛心的人……，能夠鼓勵自己和激勵別人。

當你跌倒時，我們仍然愛你，也相信你會重新站起來。

我們很高興你會尊重自己和別人。

我們很高興你能忠於自己的良心，

即使這樣做很困難或者讓你不受別人歡迎。

我們看到你逐漸長大成人，和其他優秀的成年人在一起。

你和他們平等，有自己的觀點、具備專業知識，

以及能夠發揮影響力來做善事。

你要離開我們，這完全沒有問題。

我們很高興你越來越獨立，

也會設法與其他善待和支持你的人建立情誼。

你渴望依附和健康的親密關係，這點很正常，也很自然。

我們很高興你能以尊重和關懷的方式，

來促進愛情和親密關係。

我們很高興你越來越清楚生活中什麼對你來說最重要，

什麼信念和目標最能讓你有成就感。

你要記住，我們會永遠愛你。

你隨時可以來看我們或找我們聊天。

只要你開口，我們會盡力幫你克服困難。

無論你發生什麼事情，船到橋頭自然直。

追蹤你的練習結果

也許你聽到這些訊息以後會抱以微笑。當你思考這些訊息時，留意你身體的感覺。你能感覺自己的心軟化了嗎？身體放鬆了嗎？注意你的呼吸、心跳和腸道等所有的身體感受。

你留意到了什麼？這種心像喚起怎樣的感受？跟前面一樣，你要每天練習一次，且連續練習 3 天，然後把感受記錄在附錄 A 的「修復練習紀錄表」或以下空白處。

_____

_____

_____

_____

_____

_____

_____

_____

_____

_____

第 12 章

撫慰艱難時期的安慰心像

誰都曾在人生旅程中經歷過艱難時期，沒有人例外。

我們無法獨自熬過這種時期，但實際上，也沒有人期望我們這樣做。有時，我們得依賴別人來滿足我們的自身需求，要他人幫助我們出入應對、提供我們食物、給我們關愛、幫助我們學習、保護我們和鼓勵我們。

然而，幼童往往在他們特別脆弱的時候，遇到了童年創傷經驗而不知所措，迫使他們在大腦區塊和應對技巧尚未發展成熟時，就得照料自己，自然無法好好地妥善安慰自己。

如果現在，你可以啟動在艱困時期安慰和善待自己的模式，會如何呢？為此，本章的心像練習，將提供各位讀者一種在艱困時期的自我養育形式。

你可以跟本書的其他療法一樣，一次同時閱讀這些說明並加以應用，也可以請別人讀給你聽，或者事先自己錄製，然後再播放聆聽，跟著聲音的指引進行。

安慰受傷的年幼自我

在這個心像練習中，將回到遭受巨大痛苦的幼兒時期。只有在這個時候，年幼的你才能獲得當時需要的慰藉，順利度過那段艱困的時期。藉由這種方式能創造全新的腦部連線，從而織入積極正面的氛圍，重塑大腦，以此擺脫幼年遭受的毒性壓力。與此同時，也會更有能力去自育和自助，以便克服當前的各種情緒難題。

作法

① 請舒服地坐著。輕鬆深呼吸幾次來釋放壓力。然後閉上眼睛。若覺得閉上眼睛會感到不自在，則可以稍微把視線往下看就好，不用閉眼。

② **現在回想一下童年時期的某個艱難時期，那時的你非常沮喪。**也許是被人虐待或不受人重視，或者你的周圍很混亂，你感到害怕、憤怒、尷尬、孤獨或悲傷。當清楚記起一段時間（某個特定的事件或時段），就表示準備好要進行這個心像練習了；當你回到過去用愛撫慰它時，請記住這一點。

③ 想像一下，你是個善良、睿智、堅強和經驗豐富的成年人，然後你踏進時光機器回到過去，探望那個受傷的孩子，也就是年幼的你。當你走出時光機器時，你們會看到對方。孩子一直在熱切等著你，他很高興能夠見到你！你們的目光彼此相遇。你們真的很親密，兩人就像久別重逢的朋友。

④ 仔細看看孩子。他年紀多大？他穿什麼衣服？好好看看他，並留意他的表情和姿勢。

⑤ 你會看到這個孩子如何度過這個艱困的時期。你問他，正在經歷什麼以及他有什麼樣的感受。**你抱持極大的愛心，懷抱著同理心和尊重去傾聽他的心聲**，然後說道：「難怪你會不高興。你是一個孩子，卻要獨自面對這些事情，真的難為你了。我很高興你能應付得這樣好。」

⑥ **接著，你繼續問孩子他需要什麼。**你再度抱持極大的愛心，懷著同理心和尊重去傾聽他的心聲。也許他需要你擁抱或撫摸他，或者要你張開雙臂去摟著他的肩膀，即便你們沒有交談，但他都知道一切將會好轉，因為你就是能安慰他的人。

⑦ 也許他需要聽到鼓勵的話，比如「你一定會度過這個難關的。」如果他需要保護，你可以站在他面前。**也許你能幫孩子說出他當時不知道該怎麼說的話**，譬如「住手！我是很寶貴的，你不可以

這樣對待孩子。」也許你發現孩子無法用言語表達自己的需求，所以你挺身而出，幫他表達意見，滿足他的需求。也許他只需要知道你就在他身邊，他並不孤單……，有人愛他……，如果人知道這一點，就能度過任何難關。

⑧ **你透過眼睛、表情、手勢和心靈，傳達了你的關愛。**年幼的他看到你對他說話、撫摸他和保護他，便能沉浸在關愛中，感到安慰和安全。

⑨ **在離開之前，你會讓孩子知道你不會拋下他一個人。**只要他有需求，你就會提供他所需要的愛和幫助……不論何時，無論他是處於最好或最壞的狀態。也許不需要透過言語，便能傳達這一點。

⑩ 也許你會告訴他：「雖然你經歷了這段艱難時期，但這並不能決定你未來會如何……，你遠遠不只如此……，看看你以前是如何度過那段艱難時期的……，我會幫助你熬過每一段艱難時期……，我會提醒你放下負面的情緒，你日後才能享受的愉快時刻。」也許你會說：「我知道你會內心平靜和充滿自信，繼續往前邁進，知道你是很寶貴而且有人愛你，並且你可以過美好幸福的生活。」

⑪ 現在該是你回到現在的時候了。也許你會用微笑和眼神告別，表示你年幼的自己充滿信心。也許你會留下了一份禮物或一個信物，提醒年幼的你，**讓他知道自己永遠都是寶貴的……，**讓他知道你會一直愛護和關心他。

⑫ 也許你會告訴孩子，說你會經常去探望他。當他想到未來會學到很多以及日後將會有許多快樂的時光，孩子於是露出微笑。**你感覺孩子的身體變得柔軟和放鬆，下巴也高高抬起。**孩子現在知道自己並不孤單，而這是一種怎樣的感覺？現在至少有一個人愛他和關心他？他可以尋求幫助嗎？你知道自己這次探訪年幼的自己是非常值得的。你的愛很重要。它發揮了作用。當你在思考這點時，請追蹤你的身體和情緒變化。

追蹤你的練習結果

請重複這項練習至少 3 次，且要連續練習 3 天。可以選擇專注於同一事件或時間，或者著眼於其他讓你痛苦的時刻。請相信，練習越多次，收穫就越多。別忘了，一樣將你的感受記錄在附錄 A 的「修復練習紀錄表」或以下空白處。

_____

_____

_____

_____

_____

_____

_____

_____

_____

_____

_____

第13章
「漂回」到令人不安的事件

　　你是否曾經歷一個能觸發你過度強烈負面情緒的事件？也許你當時反應過度，感到非常憤怒、恐懼或悲傷，但你很想知道：「我為什麼會這麼難過？這些情緒是從哪裡來的？」而童年創傷經驗提供了解開謎團的線索，因為我們現在明白，舊有記憶會隨著原始的情緒被鎖在大腦內，因此，近期激發類似情緒的事件可以喚起舊有記憶的各個層面，包括原始的情緒。換言之，是這些舊有的情緒驅動了我們現在的反應。

　　通常我們能分辨出強烈的情緒何時會妨礙我們的生活；它們可能會影響我們目前的身體功能、人際關係或情緒健康。我們知道自己有這些強烈的情緒以後，便可善用所謂的「漂回」（floatback）策略。

　　所謂的「漂回策略」首先由美國心理學家威廉・贊威爾（William Zangwill）所提出，然後於1999年由美國創傷研究專家辛迪・布朗寧（Cindy Browning）進一步發展和命名，接著由美國心理學家和EMDR療法創始人弗朗辛・夏皮洛推廣流傳。

　　這項策略有助於緩解近期發生的事件，以及讓你對近期事件產生情緒反應的舊有記憶。實際上，這個策略的作用，就是讓你重新連接大腦，以更正面積極的方式去感受新、舊事件以及你自己。

　　在此，我們將鎖定在記憶中的舊事件稱為「核心記憶」（core memory），因為它存儲在大腦更為深層的部分，能喚起人當前的情緒反應。此外，漂回策略分成兩個主要的部分進行：

（1）辨識與和緩近期事件；（2）辨識與緩和核心記憶。

現在，就讓我們看看核心記憶如何與現在聯繫起來，並透過個案艾薩克的故事來探索如何打破這種聯繫。

艾薩克的故事

艾薩克仰慕冷靜的人，所以他在家中和職場都盡量保持理性和冷靜。他為了多賺點錢而去兼差，除了正職的工作之外，還會在家裡替當地的一家報紙撰稿。當他在家工作時，一旦看到電腦當機就會非常生氣，憤怒和沮喪地捶打辦公桌。他感覺頭很熱，好像要爆炸一樣，而他也感覺胃部就像被人打了個結。他覺得自己很愚蠢，因為他知道自己反應過度了，但他不明白，為什麼自己會對根本無關生死的挫折反應如此強烈。

因此，艾薩克嘗試了漂回策略。首先，他騰出心靈空間，透過正念冥想來思考最近發生的事情。他發現自己不只會憤怒，還會感到無力、無助和孤獨，甚至有些恐懼和覺得自己欠缺什麼的無能感。以上這些感受似乎透露了一些問題，而他認為他能撫平這些反應。

接著他回溯自己也有過這些感覺的幼年記憶，回憶起父親離開家的那一天。艾薩克曾經祈禱父母能在一起，他在家裡會努力做事，在學校時會用功讀書，並且努力負起責任，所做的一切都是希望父母能相處快樂，不要離婚。然而當他的父親離開時，他感到無力、無助和孤獨。他生父親的氣，擔心家人會過得不好，懷疑自己是否能夠照顧被拋棄的家人。

現在看來，他總算了解這些情況。於是，艾薩克採用漂回策略去安撫自己的核心記憶以後，他就發現自己看到電腦故障時，反應就沒有以前那麼激烈。以下這張表格是艾薩克漂回策略的文字紀錄，讓我們看看這項漂回策略如何發揮作用。

● 艾薩克的漂回策略練習 ●

	近期令他不安的事件	核心記憶
簡短描述事件（包括年齡）	晚上一個人工作時電腦當機；我今年 48 歲。	爸爸在我 14 歲時離家。
情緒	憤怒、害怕、無助、無力、孤獨。	憤怒、害怕、無助、無力、孤獨、沮喪。
身體感覺	感覺頭要爆炸；臉紅；下巴和胸部緊繃；肚子打結。	被壓垮、感到沉重、姿勢垮掉、肌肉緊張。
景象	孤立無援，就像我發現爸爸要離開的那天一樣。	坐在爸爸的椅子上，悲傷而孤獨。
想法	我孤獨一人，無法解決問題。事情發展不如預期。	我無法讓爸爸媽媽在一起。家裡的事情並不順利。
漂回練習前主觀困擾評量表的等級	8	9
漂回練習後主觀困擾評量表的等級	4	3

如何辨識與和緩近期事件的不安？

艾薩克的圖表中，其中間欄描述最近讓他不安的事件以及他相關的反應，包括情緒、身體感覺、景象和想法。回想一下「再穩固原則」：當我們將記憶的各個層面帶入意識時，大腦就能去修改記憶。而在最後兩列中，艾薩克將主觀困擾評量表的等級評估為 8。

主觀困擾評量表的評分範圍從 0 到 10，其中 10 是最讓人痛苦的壓力水平，0 則是完全沒有痛苦，5 是中度程度的痛苦。透過主觀

困擾評量表的等級便可衡量進展。艾薩克緩解了近期的事件，將主觀困擾評量表的等級重新評估為4。

如何辨識與和緩核心記憶？

艾薩克在漂回核心記憶之後，填寫了第三欄的內容，最初將倒數第二列主觀困擾評量表的等級評估為9。而在緩解核心記憶以後，艾薩克將等級定為3。一般來說，主觀困擾評量表的等級只要有任何的下降（無論多麼小），效果都是顯著的。

找出隱藏在近期不安事件下的過往負面情緒

現在，你已經準備好要嘗試使用漂回策略，來緩解那些令你不安的事件嗎？首先，要找出最近讓你最不安的事件，並透過它來追溯核心記憶，以便採取漂回策略。夏皮洛指出，人通常有10～20個核心記憶在「進行（它們的）表演」，從中使人過度情緒激動。**這些事件並非總是嚴重的內心創傷，但之所以會有過度反應，通常是由未處理的記憶所引起。**

也許，你面對類似情況時，會比周圍的人更加心煩意亂。例如：如果你的父親非常嚴厲，當其他權威人士或你的家人使用類似的語氣或露出類似的表情時，就可能會被觸發情緒，感到強烈的無能感和憤怒。或許，其他人曾經告訴過你「你太過於敏感了」，或者，說你在在某種情況下「反應過度了」。當然，別人這樣說根本幫不了你，不過漂回策略通常可以幫助你找出原因。

如果回想核心記憶不會太讓你痛苦，而且也發現在緩解最近的干擾事件就能讓主觀困擾評量表的等級下降，不妨勇敢嘗試這種漂回策略。當然，嘗試時要小心謹慎，以免不知所措。建議先處理最近只讓你稍微痛苦的事件，然後再嘗試讓你較為痛苦的近期事件。

另外，夏皮洛建議，如果你使用了意志力和運用正常解決問題

的方式（譬如：收集訊息、解決問題和尋求幫助）都沒有幫助，這時就要懷疑自己是否有尚未處理的負面記憶卡在腦中。夏皮洛還建議，不要用這種技巧來治療複雜的創傷記憶；如果你正在接受這種治療，也不要去嘗試它。如果你擔心創傷記憶可能會讓你不知所措，請尋求創傷治療師的幫助。熟練的創傷治療師會使用非常有效的創傷處理技巧（例如：「眼動心身重建法」及「再經歷治療法」）來幫助你找出和安撫核心記憶。

若這時還不清楚自己的所有反應，請不要擔心。例如：你可能不記得冒犯你的人有過哪些表情（景象）或者不清楚的所有情緒；以上這些東西，可能會在首次進行漂回策略之後，變得更加清晰。

作法

① 可以使用接續在「作法」後的空白工作表，或者下載一份：http://www.newharbinger.com/46646。找到一處安靜的地方，可以不被打擾約 30 分鐘。請非常舒適地坐著，放鬆身體，並花點時間專注於呼吸，直到呼吸變得緩慢且規律。

② 辨識與和緩近期的不安事件：

* 找出最近讓你稍微（中等程度）情緒不安的事件，可能是主觀困擾評量表等級 4 或 5 的事件。

* **抱持一顆柔軟開放的心，全神貫注去看待這件事。不要以任何方式去批判你的反應，只需注意這個事件引起的反應**：情緒、身體感覺和景象，最後是想法。問問自己：「在這個事件中，哪個部分最令你感到不安？」這樣問，可能會讓你更明確找出自己的反應。提醒你自己：「無論我有什麼感覺都行。讓我去好好感受。」

* 停下來，**在空白表格的中間欄寫下與事件相關的情況**（杏仁核〔amygdala〕是大腦調節情緒的關鍵部位，用文字表達痛苦

能讓杏仁核平靜下來）。然後記錄情緒、感覺、景象和想法。寫完以後，寫下最初的主觀困擾評量表等級評分。

* 再次放鬆。花點時間專注於呼吸。

* 再次想想最近發生的事情和你的反應，**坐下來透過正念冥想來體驗你所有的反應**。讓情緒、感覺、景象和想法再次進入你的意識。**放鬆你的身體，透過自我慈悲來維繫你的反應**。特別注意身體的哪一部分在保留不安的感覺。現在去緩解這些反應。帶著深切的慈悲、慈愛和接納的心情去進出那個區域，不管它是什麼，讓你自己去感受它。

* 跟第 6 章一樣，默默或大聲重複自我慈悲的陳述：「這是痛苦的時刻；痛苦是生活的一部分；我會在這一刻對自己好一點；我要給自己需要的慈悲心。」同時，請留意此時此刻身體裡的感覺。

* 當你準備好時，刻意吸氣一次，**將氣吸到一直保留不安感覺的區域**。呼氣時，讓自己對身體那個區域的知覺逐漸消散。當你重複「我要快樂，我要自在，我要完整」時，慈愛的感覺仍然會留在你的心中。

* 現在，思考一下你的主觀困擾評量表等級。在表格的最後一列寫下新的主觀困擾評量表等級的評級。如果現在痛苦已經有所消退，就可以繼續下去。如果痛苦的感覺沒有消退，可能表示需要請心理健康專家來幫助你處理這些舊有記憶。

③ 辨識與和緩核心記憶：

* 回想最近發生的事情和你最初的反應，**讓你的思緒回到你的童年，並留意你有同樣感覺的年幼時光**。這可能是你最早的記憶、最糟糕的記憶或只是你能想起的年幼記憶。

* 就跟前面一樣，請留意舊有事件的一切，包括當時的情況和你的反應：情緒、感覺、景象和想法。**但不要去批判，只要抱持好奇心去接受當時發生的事情**。

* 在第 3 欄寫下情況（包括你在事件發生時的年齡）、反應和最初主觀困擾評量表等級的評級。想一想，舊有記憶如何影響你今天的生活。

* 現在，去緩解你的舊有記憶。注意哪個身體部位有不愉快的感覺，將慈悲和關愛吸到那個區域。呼氣時，讓慈悲停留在那裡。當你留意發生的情況時，繼續專注於這個區域和你的呼吸。在心中對自己說：「無論我有什麼感覺都行。讓我好好去感受。」提醒你自己：「這只是舊的記憶、舊的東西。一切都沒問題。」繼續將慈悲吸到一直感覺不安的區域。

* 跟做這個練習的第一部分一樣，默默或大聲重複自我慈悲的陳述：「這是痛苦的時刻；痛苦是生活的一部分；我會在這一刻對自己好一點；我要給自己需要的慈悲心。」繼續透過正念冥想，將慈悲吸進身體的各個部位，並且重複自我慈悲的陳述。注意你身體內的各種感覺。留意你的反應是否有所改變。

* 如果還可以的話，**請繼續以任何有益的方式去緩解你對核心記憶的反應。**你可以使用任何喜歡的工具，例如：
  » 在第 5 章練習的調節壓力喚起程度的方法，包括：5 分鐘從腳到頭的減壓方法或揉捏身體、仔細體察身體、抗拒身體或改變姿勢。
  » 在第 6 章練習的情緒釋放技巧（EFT）或傳遞技巧。
  » 你也可以擁抱年幼的你，直到疼痛消退並重新感覺良好。也許你會向年幼的你掛保證，好比告訴他：「你並不孤單。你會度過難關並再次微笑。」

* 當你準備好時，請刻意吸氣一次，然後呼氣時讓自己對保留不安感覺的身體區域的知覺，有逐漸消散的感覺。當你發覺自己度過了那段艱難時光時，表情要逐漸柔和，稍微露出笑容，感到心滿意足。

＊ 現在請留意你的感覺。身體內有什麼樣的感覺？是否有任何變化：你的呼吸、心跳、肌肉的緊繃程度、體溫、腸道的感覺有所改變嗎？你的情緒是否改變了？想法也有變化嗎？當你想起核心記憶時，重新評估你的主觀困擾評量表的等級。

● 你的漂回策略練習 ●

	近期令你不安的事件	核心記憶
簡短描述事件（包括年齡）		
情緒		
身體感覺		
景象		
想法		
漂回練習前主觀困擾評量表的等級		
漂回練習後主觀困擾評量表的等級		

追蹤你的漂回策略練習結果

你可能會發現，只要重複練習這項技巧，效果就會更明顯，因此請你每天練習一種，連續練習 3 天，讓你藉此獲得信心；別忘了，要記得將過程中的感受，記錄在附錄 A 的「修復練習紀錄表」或以下空白處。

隨著大腦以建設性的方式重新連線時，就可能會發現自己對過往事件或最近事件的反應有了正面的改變。請留意這一點。同時，也別忘了去練習第 5 章和第 6 章的方法，以緩解因舊事或近期事件而產生的任何不安情緒。不妨去嘗試自我慈悲、放鬆身體、情緒釋放技巧和傳遞技巧。

如果你無法透過漂回策略緩解舊記憶，別沮喪，也許是你還沒妥善處理這些舊有記憶，也或許是需要尋求創傷治療專家的協助。所以，不妨想像把記憶放入容器並放進冷凍櫃，直到你準備好在治療師的幫助之後，再去「解凍」這些記憶。

_____

_____

_____

_____

_____

_____

_____

_____

_____

_____

_____

_____

第 14 章
「漂回」至核心信念

被鎖定在舊有記憶中的信念，就是所謂的「核心信念」（core beliefs），它們會持續影響你現在的生活。核心信念是你對自己的想法，它們根深蒂固，從幼年起就深植於腦中。為此，我們幾乎不會注意到核心信念，甚至可能無法用語言去表達它們，也因此核心信念很少受到挑戰或修改，進而繼續影響我們感受自己的方式。

而在這個漂回策略中，首先，會發現你對自己持有強大的負面信念，並且將追溯這些信念的起源。然後，你會化解並替換這些負面的核心信念。

健康情緒的 6 大基本需求

每個人都需要滿足 6 項基本需求，才能保有自尊和促進情緒健康。因此，無論是誰，都需要去思考（think）、感受（feel）和感知（sense）以下 6 項需求：

- **我是有價值的**。雖然每個人的市場或社會價值可能不盡相同，但身而為人的價值就是無條件的、無限的、平等的和不變的。無條件的價值是每個人與生俱來的禮物。這種價值不會因為別人的錯誤、過失或虐待而改變。它也不會變好或變壞，完全不受財富、外表、教育、關係狀況或健康等外部因素所影響。
- **我有愛心且討人喜歡**。有了愛，我們必定能成長和探索。愛

能大幅影響我們的大腦和生理，對我們好處甚多。

- **我大致上是有資格的**。沒有人能在各項領域都完美無缺或樣樣精通，有時感到不足是很正常的。然而，健康的人會認為他們應該能夠過上好日子，並妥善面對生活中的各種挑戰。
- **我可以在犯錯後繼續成長，並振作起來**。有自尊的人知道，自己的價值不會因為犯錯、沒有達到目標或其他挫敗而受到損害。你不會礙於這些而貶損自己的價值。有自尊的人相信，只要堅持下去，就能更加妥善處理生活的問題，成為更棒的人，而且過得更快樂。簡而言之，他們不會放棄希望。
- **我基本上是好的**。所謂好的，指的是品格良好。有些人聲名狼藉，根本無法一直感到滿足和保有自尊。品格良好並不代表完美，而是表示我們不斷地盡自己最大的努力，朝著良好的道路邁進。
- **我感到很安全**。健康的人會認為，這個世界很合理，是可以預測的，而且通常可以信賴別人。此外，他們也認為自己能在這廣大的世界找到出路。

現在，思考一下童年創傷經驗會如何破壞這些基本需求，讓人感到痛苦、使負面的核心信念紮根，並且損害自尊。基本上，之所以會有憂鬱、焦慮、憤怒和其他與壓力相關的情況，通常都是因為抱持著負面的核心信念。例如：

童年創傷經驗	所造成的負面核心信念
獨自一人、被人忽視。	• 我不重要。 • 我不討人喜歡。
父母吹毛求疵，有過度控制子女的傾向。	• 我不夠好，我不夠格。 • 我無法贏得別人的愛或認可。

被照顧者虐待。	• 我一文不值；我被當作垃圾對待，所以我一定是垃圾。 • 我一定很壞。 • 我無法讓自己不被人虐待。我無能爲力，感到無助。 • 我感到不安全。 • 我無法相信別人。
父母離婚。	• 我會步上父母後塵；我無法跟他們不一樣，沒希望了。 • 我愛的人會離開我。我不討人喜歡。*
在學校被別人欺負、嘲笑。	• 我跟別人不一樣。 • 我一文不值。
經常聽見父母在爭吵。	• 我感到不安全。 • 我認爲會發生壞事。

　　當你了解自己經歷的事件以及你對這些事件的反應時，就會明白為什麼自己的自尊會受損了。所幸，我們可以改變與這些舊有信念相關的大腦迴路，恢復自尊。

如何「漂回」至負面核心信念，並改變它？

　　這個方法類似於前一章的練習過程，然而，現在的目標是追溯損害自尊的信念並與正常的大腦迴路重新連線。

作法

① 下表列出人們的信念，分別按照 6 種基本需來分組。第一欄列出了常見的負面信念。慢慢閱讀它們，在你曾經歷和讓你不安的那些信念旁邊打勾。你和別人若有共同的信念，表示並非只有你會經歷這些；會有這些信念並沒有什麼不尋常，這是可以理解的。你是因為曾與照顧者、兄弟姐妹、同年齡的人和媒體等有了負面的經歷，才會有了這類負面的信念，而它們是可以改變的。（第

---

*註：恐慌症患者經常害怕被人遺棄，其中多數人都曾經歷過父母離異。

2 欄是正面信念的範例，只要你透過實踐，便可用它來取代負面
信念。）**記得，知道自己有哪些負面信念，是根除和取代負面想
法的第一步，非常重要。**

● 6 大基本核心信念 ●

✓	負面信念	正面信念
1. 身爲一個人是有價值的		
	我一文不值。	• 我是有價值的……我有價值，還需要成長。
	我不重要。	• 每個人都很重要。 • 每個人都有潛力。 • 「卽使是小小作爲也很重要。」
	我微不足道，無足輕重。	• 我是有價值的人。
	我跟別人不一樣。	• 我是獨一無二的。 • 我是有價值的。
	我永遠得不到某人的認可。	• 卽使我沒有得到某人的認可，我也可以愛自己、接受自己和認可自己。
2. 關愛和討人喜愛		
	我不討人喜歡。	• 我很討人喜歡。
	我無法愛人。	• 我正在學習如何愛人。
	我很醜。	• 我的身體雖不完美，卻是值得好好欣賞的奇蹟。
	沒有人會愛我這個人。	• 也許有人會愛我這個人，而我也要愛自己。

3. 我大致上是有資格的		
	我無能、能力不足、無能為力、會失控而且軟弱。	• 我不完美，但是一直在進步。 • 我有時無法完全控制自己，但這樣沒關係！ • 我當然擅長某些事情。 • 不完美的人還是有價值的。 • 弱點可以轉變成優點。 • 我現在比以前更堅強了。
	我很傻，是個白痴。	• 我一直在進步。 • 我和別人一樣。我有一些優點；我可以在其他的領域發揮所長。
	我什麼都做不了。	• 我可以做一些事情。 • 我當然能做好某些事情，而且我會學習去做好更多的事情。
	我無法從生活中得到我想要的。	• 我認為我能得到自己想要的。 • 我現在有選擇了。
	我有缺點。。	• 誰沒有缺點？即使有缺點，我還是有價值的。
	我無法處理這件事。	• 即使處理這件事情會令我感到很不愉快，但我仍然會處理這件事。
	我內心受損了。	• 我的核心完好無損。
4. 犯錯以後仍可以繼續成長		
	我必須是完美的。	• 我夠好了。 • 我會努力做好，甚至能夠表現得更出色。

	我是失敗者。	• 我不完美但充滿潛力。 • 我會成功的。 • 我不會因爲犯了錯，就覺得內心受損。 • 就算犯錯，天也不會塌下來。
	我必須百分百成功。	• 我在學習的過程之中，可以犯錯。 • 誰說我必須樣樣都好？ • 只要我盡力而爲和不斷學習，我就算成功了。
	我沒希望了。	• 只要活著，就有希望。 • 我會吸取教訓。 • 我的夢想不會破滅。
5. 個人的良善		
	我是失敗者。	• 我正在努力變好。 • 我渴望成爲好人。 • 我會從錯誤中學習。
	我是個很糟糕的人。	• 我不完美卻有價值。
	我感到羞恥。	• 我會犯錯，別人也一樣；這眞是讓人遺憾。
6. 安全和信任		
	我不能相信任何人。	• 有些人是值得信賴的。 • 稍微可以信賴某些人。 • 我會相信某些人。
	我不能表達我的感受。	• 我相信我的感覺。
	我現在很危險。	• 我以前有危險。現在我很安全了。

② **選擇一個你想改變的負面信念，**將它寫在接續在「作法」後的「我的核心信念紀錄表」左側的第一個框框中。

③ 休息片刻。盡量放鬆身體，專注於呼吸，看著你的腹部隨著每次呼吸的起伏狀態。**將你選擇的負面信念完全帶進意識中，不要試圖抗爭或改變它。**當你繼續呼吸和放鬆時，只要心懷好奇去留意它，不要批判你正在經歷的事情。

④ 這種信念引起了什麼感覺？你感到身體的哪個部位不舒服？例如：是否發現你的呼吸或心率、肌肉緊繃的程度或腸道、胸部、喉嚨或頭部的感覺發生了變化？**抱持著好奇心和慈悲心，透過正念冥想去體察這些感覺。**你不妨藉由正念呼吸和自我慈悲的陳述來舒緩身體：「這是痛苦的時刻；痛苦是生活的一部分；我會在這一刻對自己好一點；我要給自己需要的慈悲心。」

⑤ 漂回到核心記憶。那是你幼年的一個事件，你覺得哪種信念可能最早發生在哪個時候。如果你找不到別的幼年事件，就回到你幼年的時光，當時你有哪種感覺和衍生出哪種想法。不要去批判，留意核心信念喚起的情緒和感覺就好。你對於哪個事件記得哪些景象？你當時是什麼樣子？注意你的姿勢、表情和手勢等。填寫工作表左側的其餘部分，包括你的年齡（在核心記憶的描述）和最初的主觀困擾評量表的等級。

⑥ 當你填完工作表的左欄以後，**坐下來透過正念冥想去體察你寫的全部內容。將慈悲心呼吸到身體保存不安的區域。**提醒自己：「這只是一段舊記憶。無論我有什麼感覺都行，讓我感受一下」化解你的記憶。安靜或大聲重複自我慈悲的陳述：「這是痛苦的時刻；痛苦是生活的一部分；我會在這一刻對自己好一點；我要給自己需要的慈悲心。」繼續有意識地將慈悲呼吸到你身體中保存不安的區域，然後重複自我慈悲的陳述。留意你身體的感覺。留意你的反應是否有所改變。

⑦ 在工作表的右側寫下替代負面信念的正面信念。**專注心神，要堅

持那項正面信念。默默重複它 3 遍，讓這個信念在你的身體裡安定下來。你要平緩呼吸。留意這種信念影響你的哪個身體部位。想像你有一部分的身體抱持著那個想法。特別留意一下，這會讓你的身體有什麼樣的感覺。

⑧ 坐著正念冥想，對你身體的變化發展抱持好奇心。享受身體的感覺。**想像一下自己當時真的內化了這種新的信念。**你看到自己的下巴抬起，脊椎挺直，臉上露出滿足和自信的表情。你的身體動作流暢，蹬腳跳躍一下。你還可以根據需要去隨意更改場景。

⑨ 當你放鬆身體時，默默說道：「這是平靜的時刻。我要快樂。我要安心。」

⑩ 追蹤你身體內發生的事情。你的身體感覺是否發生了變化，好比是否有任何部位的緊繃感減緩了或姿勢更為放鬆等？你的情緒有任何變化嗎？

⑪ 填完工作表右欄的其餘部分，包括你在思考最初的核心信念時目前的新主觀困擾評量表等級。

追蹤你的練習結果

想修復的負面信念可能不只一個，所以，請對你想處理的每個負面信念，「重複」前面的過程；重複，有助於讓大腦重新連線並根植新的思維模式。

跟前面的做法一樣，將練習完後的經驗與感受記錄在附錄 A 的「修復練習紀錄表」。也別忘了運用第 5 章和第 6 章的技巧來調節身體或情緒的喚起程度，包括各式身體放鬆、敲擊和傳遞技巧。也可以想像擁抱年輕的自己，直到痛苦消退，美好的感覺又重新回來。你或許可以替年輕的自己提供了必要的保證或鼓勵，例如：「我可以理解你有這樣的感覺。你並不孤單。你會克服這一點，再次開心微笑。」

不過，就跟本書中的其他方法一樣，不要過度使用本章的方法，不要過度練習。如果進行這項練習會讓你感到痛苦，請 1 ～ 2 天不要去碰觸它。再次提醒，如果在練習過程中，「漂回」至這些舊有記憶之後，壓得你喘不過氣來、不知所措，你大可尋求專業人員的協助，千萬不要獨自忍受。

● 我的核心信念紀錄表 ●

• 關於自己的負面信念	• 正面信念（替代思想）
• 核心記憶（描述）	
• 情緒	• 新情緒
• 身體不愉快的感覺	• 新的身體感覺
• 景象（尤其是關於自我）	• 新景象（尤其是關於自我）
• 最初的主觀困擾評量表等級	• 新的主觀困擾評量表等級

第 4 篇

消除羞恥感
的修復練習

第15章
「羞恥感」與「自尊」的關係

在第3章的內容中，提到有關羞恥感的概念；我們發現，一旦經歷過童年創傷經驗的人，其「自尊」和「羞恥感」的關聯會相當密切。現在，讓我們來看看牽涉自尊、羞恥感和童年創傷經驗的關鍵原則：

- 自尊因童年創傷經驗而受到損害，必須先恢復才能擁有健康的生活。
- 在許多與壓力相關的心理狀況中，例如：創傷後壓力症候群、憂鬱、焦慮、成癮行為、酗酒和危險的性行為，都能發現當事者的自尊曾經受損。
- 完整的自尊與復原力有關，也與人遭受創傷事件後，是否能夠恢復得更好有關。
- 羞恥感與完整的自尊恰好相反，若是自尊太低和感到羞恥，都會非常厭惡自己。
- 只要感受到受損和有缺陷的核心自我，就會感到羞恥。羞恥感就像低自尊一樣，其感覺通常是隱晦的：它是一種厭惡、自我蔑視或自我厭惡的感覺。
- 一旦逐漸感到羞恥之後，便無法滿足我們在第14章提到，攸關情緒健康的6種基本需求。

羞恥感的來源並不神祕，羞恥的感覺隨時都會發生，而且可預測其是起因於童年創傷事件所造成的，誠如下頁表格所示，可言說或不可言說的結果。也就是說，當這些創傷事件發生在幼年時期，

其所造成的心理傷害會更為嚴重，更容易產生羞恥感；而在長大成人之後，痛苦的當前事件便足以讓你立刻體驗年幼時的羞恥感。

● 童年創傷經驗和基於羞恥感的想法 ●

童年創傷經驗	結論（有意識或下意識）
父母離婚。	● 如果我討人喜歡，爸媽就不會拋棄我。 ● 我要為發生的壞事負責。
父母愛挑剔、過度掌控和保護小孩。	● 我不夠好。
父母生氣。	● 我無法取悅別人，也不能被他人喜愛。
父母不好。	● 我是他們的後代，所以我也一定也不夠好、很壞。
媽媽換尿布時露出厭惡或無聊的表情，而不是露出微笑或跟我嬉鬧。	● 我不重要。 ● 我不受重視。 ● 我讓人感到噁心。
施虐者告訴你：「不要告訴任何人，否則我讓你好看。」	● 我的祕密讓我感到羞恥，覺得自己跟別人不一樣。 ● 我無力保護自己。
施虐者灌輸虛假的訊息：說你很壞、會誘惑人，或你是路邊撿來的垃圾。	● 我不好，內心受創。

　　想到羞恥感印記時，我便立刻想到個案瑪麗亞。瑪麗亞是一名有氧舞蹈教練，美麗、健康又聰明。她曾參與一項國家認可的計畫，結果過程中因厭食症（一種飲食失調的疾病）而住院 3 次。該計畫只專注於改變飲食行為，而非修改根深蒂固的羞恥感。瑪麗亞當時

內心滿是羞愧，她認為自己又胖又醜，而且沒有資格。

　　瑪麗亞的父母感情不睦。她的母親既焦慮又與人疏離，而她的父親則是很挑剔，不願表達關愛和認可別人。當瑪麗亞進入青春期時，她的母親要瑪麗亞請求她父親允許她穿內衣。結果她父親語帶諷刺，說道：「妳要穿內衣做什麼？」更讓瑪麗亞感到羞恥的是，由於她發育過早，學校的男孩都嘲笑她，說她是「肥豬」。因此瑪麗亞感到羞恥，而正是因為這樣的羞恥感讓她無法以正面的態度感受自己；這點很諷刺，但我們可以理解。

　　要從從童年創傷中恢復和培養自尊時，其中一個重點，就是要「消除羞恥感」。然而，用標準的認知方法很難消除羞恥感，因為它主要表現在感覺層面。為此，基本的治療原則就是：核心自我要能存在並且認為自己是有價值的、討人喜歡的，而且能夠成長，即使羞恥感讓你認為自己不是這樣。你可以把羞恥感視為要召喚關愛，並接受你不完美的核心自我，而這個自我可能曾經受到不當的對待。

　　愛是治療劑，是消除羞恥感的有力法寶。回想先前所述，愛會讓大腦釋放催產素，而催產素可降低皮質醇，讓人鎮靜和減緩壓力。同時，愛有助於重新連接神經的羞恥線路，用「自我喜歡」來覆蓋它。**在本篇將利用「再穩固原則」，以及運用關愛慈悲的記憶去修復羞恥感的記憶。**我們的目標是用自愛、慈悲和接受取代羞恥感和自我批評，有條不紊地用新的神經迴路取代舊有的神經迴路。

童年創傷經驗的模型

　　不少疾病都與壓力有關，而這類的身心疾患，包括：憂鬱、焦慮、創傷後壓力症候群、疼痛和自體免疫疾病。不過，文森・費利蒂醫生指出，這些疾病只是煙霧，不是火焰本身；火焰是童年創傷所造成的毒性壓力和依附中斷。換言之，如果童年創傷經驗不解決，就會導致壓力喚起失調，包括皮質醇中斷。失調的壓力（喚起程度停在太高或太低的地方）會讓我們更容易罹患與壓力有關的疾病，

造成一種惡性循環。另外，童年創傷經驗也會直接造成失調的壓力喚起，從而可能導致自我厭惡，這會與失調的壓力相互影響。例如：缺乏自尊的人更容易受到自我威脅，其會分泌多 6 倍的皮質醇，同時，失調的壓力反過來也會降低人的自尊。

下圖的模型指出數個干預點，可以修復童年創傷，讓你感到更加幸福。例如：如果童年創傷經驗令你感到不安，你要找到痛苦的根源，化解這種記憶、調節身體和情緒喚起，消除羞恥感和自卑感。

現在，你已經學會如何去調節身體和情緒喚起，也已經開始重新連接與幼年毒性記憶相關的神經迴路。接下來的幾章將特別著眼於消除羞恥感的重要工作。

▼ 童年創傷經驗、自尊、羞恥和健康的關係模型 ▼

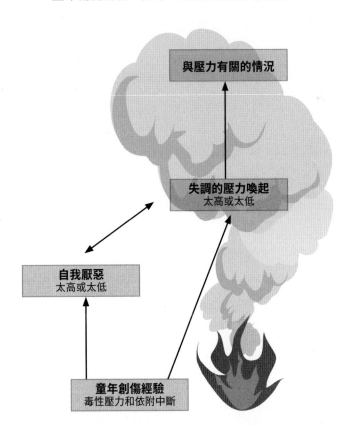

探索羞恥感

「羞恥感」是一種會令人感到非常痛苦的感覺，所以它會潛入內心深處，我們會阻止意識去感知它。然而，若不消除羞恥感，它就會持續影響我們的生活，使我們無法復原和獲得幸福。

想要改變羞恥的感覺，首先就得抱持善意，藉由意識去找出它，把羞恥感從陰影中帶出來，然後用慈悲去撫慰它。只要練習去意識到羞恥感所造成的症狀，且不去批判它或對它做出反應，這樣就能獲得很大的好處。

現在，不妨去翻閱附錄 B 的「羞恥感症狀量表」。請帶著好奇心，懷著和善且不加批判的眼光，好好檢視你曾經歷的羞恥感跡象和症狀。記得，要以開放和樂觀的心態去做這件事，如此一來，必將能學會以積極正面的新方式去感受自己。

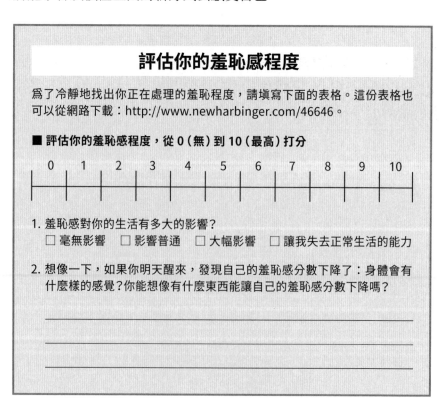

評估你的羞恥感程度

為了冷靜地找出你正在處理的羞恥程度，請填寫下面的表格。這份表格也可以從網路下載：http://www.newharbinger.com/46646。

■ **評估你的羞恥感程度，從 0（無）到 10（最高）打分**

```
0   1   2   3   4   5   6   7   8   9   10
|   |   |   |   |   |   |   |   |   |   |
```

1. 羞恥感對你的生活有多大的影響？
   □ 毫無影響　　□ 影響普通　　□ 大幅影響　　□ 讓我失去正常生活的能力

2. 想像一下，如果你明天醒來，發現自己的羞恥感分數下降了：身體會有什麼樣的感覺？你能想像有什麼東西能讓自己的羞恥感分數下降嗎？

　　_____

　　_____

　　_____

第 16 章

重塑父母所造成的羞恥感

很多時候，你的父母可能有意或無意地將羞恥感的訊息和模式，烙印在你的大腦中。為此，本章將引導各位去重新修改它們。再次提醒，在進行本章和本書的其他各種練習時，請始終保持謹慎的態度，亦即如果這項練習或其他的練習讓你感覺太不舒服，請將其暫時放在一邊，或者去諮詢專業人員。

1993 年，學者沃林（S. J. Wolin）及其同事研究了經歷童年創傷卻依舊能適應良好的韌性兒童。他們發現，這些孩子會承認父母遇到的問題，但隨後就能與父母保持適當的距離並追求自己的夢想。例如：這種孩子可能會想：「媽媽正在與憂鬱症和創傷奮鬥。」或者認為：「爸爸是個酒鬼，內心不曾平靜過。他不尊重自己，所以也無法尊重別人。不管他如何罵我，我都不在乎。」

也就是說，這些有韌性的孩子會透過「想像」去區分自己和父母（「我不是爸爸；我不必跟他犯同樣的錯誤」）是不一樣的，從而為了自身安全或追求自身夢想而遠離父母。

起身面對你的羞恥感

在這個練習中，你將抱持慈悲的心態和憑藉內在力量，以最好的方式來面對羞恥感。你可以跟本書的其他療法一樣，一次同時閱讀這些說明並加以應用，也可以請別人讀給你聽，或者事先自己錄製，然後再播放聆聽，跟著聲音的指引進行。

作法

① 舒服地坐著，大約可以 15 分鐘不被打擾。一邊呼吸，一邊休息、釋放和放鬆。當你消除緊張和消極想法時，再讓呼吸的柔和節奏深深放鬆身體。

② **想像一下，年幼時你在父母或重要的照顧者面前，感到羞恥的時刻。**也許你遭到忽視或被視為沒有價值，而內化了這種負面訊息。如果無法找到特定的記憶，也沒關係。記住某個一般的時間框架也適用於此練習。

③ 如果可以的話，**不妨想像一下照顧者的表情；**他也許皺著眉頭、不感任何興趣或露出厭惡的表情。也許再更仔細觀察以後，會看到照顧者有恐懼、悲傷、不安全感或心事重重的情緒。不管出現什麼，一切都沒問題。

④ 看看年幼的你，也許你當時感到羞恥、焦慮或空虛，認為自己有問題，好像還不夠好。**你要抱著極大的慈悲心，留意年幼的你正在經歷什麼，**包括身體的感覺、情緒、景象和想法。難怪你會有這些反應！那時你只是一個孩子。

⑤ 現在，想像你這位聰明的成年人，**盡最大的努力去安慰和保護年幼的你。**

⑥ 然後，保持在一個安全的距離，以慈愛的目光注視照顧者的眼睛，**用慈悲的態度去看待照顧者承受的痛苦。**你要承認照顧者遇到了問題；你知道，因為有安全的距離，所以可以超然地去理解和看待他們的痛苦。

⑦ 想像你自己說出：「我有感到快樂和完整的權利。」說這話時，不要帶著憤怒或怨恨，而是要對自己慈悲，以冷靜的態度堅決說出這句話，同時展現內心的力量。追蹤你的身體裡有什麼樣的感覺，以此宣稱這一點。慢慢將手臂伸到你的面前，建立一道安全的邊界，然後再次聲明：「我有感到快樂和完整的權利。」追蹤你身體裡的感覺。

⑧ 想像自己說出以下的內容，並在說出每句內容之後，慢慢地追蹤你的感受：

　　　我重視自己。

　　　我會照顧好自己。

　　　我非常強壯，也很有能力。

　　　我不是我的父母。我在追求更美好的生活。

　　　我是家裡的過渡人物。

⑨ 完成後，請在進行本章下一個練習之前，每天進行此練習一次，並連續練習 3 天。

重新連線年幼時的羞恥感受

　　這種方法是為了去覆蓋腦中的羞恥感連線，其中包括許多層面，好比：身體感覺、身體動作、情緒、想法、景象和意圖。你可以跟本書的其他療法一樣，一次同時閱讀這些說明並加以應用，也可以請別人讀給你聽，或者事先自己錄製，然後再播放聆聽，跟著聲音的指引進行。

作法

① 再想想年幼的你被人羞辱的情況，請以慈悲心去對待那個孩子。首先以善意和好奇心，去留意自己當年是如何感受這樣的羞恥：

* **外部世界的感覺**，例如：視覺、嗅覺、味覺、聽覺和觸覺。
* **內心世界的感覺**，例如：刺痛、振動、顫抖、遲鈍、喉嚨乾燥、噁心、沉重、緊張、胸部或胃部緊繃、呼吸困難、急促或其他呼吸方面的變化、無精打采、壓力、充血、心臟「碰碰跳」或心跳加速、下巴或其他部位緊繃，以及內心空虛。
* **身體動作**，例如：身體收縮或駝背、脊椎下垂、肩膀抬高、讓自己看起來更小、低頭、肩膀下垂；面部表情的變化、想要做動作的衝動、轉身、咬緊下巴、皺起眉頭、握緊拳頭、

跛腳前行，以及姿勢僵硬。

* **情緒**，例如：悲傷、焦慮、擔憂、憤怒。
* **想法**，例如：「爸爸是壞人。我是他的兒子，所以我也很壞。」

② 當你帶出這段充滿羞恥感時期的各種記憶層面時，用你學習的情緒調節和身體壓力喚起方法，來安慰自己，好比搓揉手臂、使用自我慈悲的陳述，以及讓自己安心：「這只是以前的記憶。我正在學習更好的應對方式。」

③ 現在，想像一下體驗羞恥感的反面；這麼做，**是爲了打斷舊有羞恥感模式並創造新的反應模式和神經迴路**。想像你在那段感到羞恥的時期「並沒有過著羞恥感的生活」。你要體驗全新的：

* **感覺**：例如：希望、自信、冒險、歡呼、玩耍、自愛和慈悲，以及身為你而內心感到喜悅。
* **感知**：你的身體裡對這些新情緒有什麼感覺？你的心率可能更慢和更穩定、肌肉會放鬆等。
* **形象**：你會是什麼樣子？你的姿勢會如何？你會如何移動？你會如何看待這個世界？你的表情會如何？愉快、放鬆、眼睛閃爍光芒嗎？
* **想法**：例如「無論別人做什麼或說什麼，我都是有價值的人」、「無論別人做什麼或說什麼，我都愛自己」、「我有能力成長，也能提升自己和他人」。

④ 接著，請務必帶著和善的想法完成此練習。研究指出，用以下的方式去冥想自我慈悲和抱持慈愛便能讓人克服羞恥、憂鬱和焦慮，同時提高自尊心。用呼吸讓自己平靜下來。你希望自己過得好，就要記住這種形象，默默地或大聲地重複以下的內容：

　　我要充滿愛和善良。

　　我要感到安全和受到保護。

　　我要能愛和被愛。

　　我要快樂和滿足。

我要健康強壯。

我要過輕鬆的生活。

⑤ 將你的手放在心臟上。專注於心臟周圍的區域,緩慢呼吸,重複
上述的話語。每說完一句停頓一下,讓它在你的心中安定下來。

⑥ 大聲重複或默念,建立你和別人的善意聯繫,你知道你可以將慈
悲延伸到別人身上:

我要與我往來的人充滿愛和善良。

我要與我往來的人感到安全和受到保護。

我要與我往來的人能愛和被愛。

我要與我往來的人快樂和滿足。

我要與我往來的人健康強壯。

我要他們過輕鬆的生活。

追蹤你的練習結果

每天依次進行這些練習,且至少練習 3 天,並將你的感受記錄在附錄 A 的
「修復練習紀錄表」或以下空白處。

_____

_____

_____

_____

_____

_____

_____

_____

第17章
改寫羞恥感的編碼程序

無論是誰，都曾有遭到羞辱的經驗，包括童年時遭遇創傷、被人嚴厲批評、被麻木不仁的人戲弄，或者搞砸了大事。上述這些事件會根深蒂固，從而在大腦形成令人感到相當不愉快的「羞恥感編碼」（shame programming）。

本章將會探討 2 種策略來改變這個現象，尤其是過往的時間或事件（通常發生在 3 ～ 18 歲之間）所構成的羞恥感連線。各位將會運用「再穩固原則」來有意識地重新連接你回想起的記憶。

用蓬勃的「正向編碼」覆寫「羞恥感編碼」

這項練習由心理治療師帕特．奧格登、明頓（K. Minton）和佩恩（C. Pain）於 2006 年發明，它提供了一種視角，以此克服難以抵擋的羞恥感經驗；能讓人意識到羞恥感連線既不是永久的，也無法接管生活中的各種層面。

這個練習會讓蓬勃正向的編碼連線，取代目前存在於大腦的羞恥感編碼與連線。你可以跟本書的其他療法一樣，一次同時閱讀這些說明並加以應用，也可以請別人讀給你聽，或者事先自己錄製，然後再播放聆聽，跟著聲音的指引進行。

作法

① **找出羞恥感的經歷**：回想一下以前不知所措、感到無助、不足、

尷尬、自卑、對自己失望或感到羞辱的時刻。因為這些使你痛苦的經歷，都在遮掩你的羞恥感。

② **追蹤羞恥的感覺**：還記得嗎？只要追蹤身體的反應，就會對你有所好處；同理，想要擺脫羞恥感也可以！但只需留意你的身體如何感到羞恥，不要加以批判。羞恥感似乎位於哪裡？它有大小嗎？是什麼形狀？有何種顏色？再懷著慈悲心，將氣吸到羞恥感其所在的身體部位。

③ **採取不同觀點**：看看身體的哪個部位沒有這種感覺？例如：可能會發現某一處沒有感到羞恥的部位，有可能是在胸骨上方或手臂上。追蹤那個感覺。這一步驟是在提醒你，羞恥感並沒有占據你生命中的每個層面。

④ **回憶一次心滿意足的經歷**：想一想你感到安全、稱職、成功、強壯、有能力、充滿自信或感覺好玩的時候，例如：可以回想戶外散步的時光、與好朋友相聚的日子、或者功成名就的時刻，盡量多回憶起細節。想一下當時在做什麼、身體如何移動，以及你的身體裡有什麼感覺。你感受到什麼情緒？回想你皮膚上的空氣流動、看到的景象、聽到的聲音或其他的感覺。

⑤ **追蹤心滿意足的經驗**：當回想起這個令你滿意的經歷時，追蹤身體裡的感覺，能感覺到多麼美妙的程度。你可能會覺得自己強壯靈活，身體裡還有什麼感覺？脊椎是僵硬的、還是柔軟有彈性的？你的肋骨呢？你可能會發現自己脊椎挺直、下巴抬起。誇大這些感覺，然後深入去感受它們。你的腿感覺很強壯嗎？你感到很輕鬆嗎？你的身體感覺精力充沛嗎？身體裡是否有一處特定的部位讓你有一種心滿意足的感覺……，或者快樂的感覺？追蹤那個感覺。當回憶起心滿意足的經歷時，追蹤你的呼吸有什麼改變。

⑥ **堅持你選擇的經驗**：抬頭挺胸，腰桿挺直。你的肌肉放鬆而強壯，你感到平靜和充滿自信。透過這項練習，你可以選擇自己想要關注的重點，並且能運用蓬勃連線去覆蓋羞恥連線。最後，請每天練習 3 次，並至少連續 3 天，然後再往下進行。

改寫羞恥感場景的表達性書寫

人們常說，我們和我們自己的祕密一樣病態。如果要請你寫一些關於自己感到羞恥時刻的東西、把以前可能從未透露過但希望透露的事情寫在紙上，你認為會發生什麼事情？這被稱為「表達性書寫」（expressive writing）。事實上，表達性書寫已一再被證明能改善我們的健康狀態，根據一項研究指出，表達性書寫與稱為「認知處理治療」（cognitive processing therapy）的成熟創傷療法同樣有效，而且中輟率更低。此外，在表達性書寫中加上自我慈悲的陳述，可以使人更有自尊、感到更加幸福和自我安慰。

在表達性書寫中，請寫下事件的實情、感受以及你對事件的想法。一般來說要寫 4 天，每天寫 15 ～ 30 分鐘。此外，**透過理解和慈悲的態度進行表達性書寫，往往會發現原本令你困擾的事件失去了對你的掌控力，成效更好**；同時，在寫作的 4 天中所感受到的痛苦會被理解、更好的情緒和自尊心以及更好的健康情況所取代。簡而言之，將壓抑的情緒從胸中釋放出來對你是有好處的。

這個練習非常簡單，只要有任一種書寫材料，好比一本日記本、一張白紙、書寫工具或一台電腦，就可以開始進行練習；順帶一提，這個練習是改編自臨床心理學家考夫曼（G. Kaufman）於 1996 年所提出的練習。現在一起開始進行表達性書寫吧！

作法

首先，找一處安靜的地方，可以大約 30 分鐘不受別人打擾。同時，這個地方最好不會讓你聯想到過去，所以也可以就坐在房間角

落的一張桌子旁。接著：

① **找出舊有的羞恥感場景：**以好奇的心態完整寫下羞恥事件的細節。回想一下再穩固原則，將困難記憶的各種層面帶入意識，讓大腦得以改變記憶。

② **描述你的反應：**寫下你的所有感受，追蹤身體內的情況。你可以增加任何有助於了解自己感受的看法，也可以寫下那段經歷對你的影響是好是壞，包括：它如何讓你目前感到不舒服、影響你的人際關係、讓你缺乏自信或自我輕視。

③ **找出持續至今的內心聲音或羞恥感的來源：**有沒有出自某人的口頭訊息？某個表情？如果有的話，不妨寫下來。你從那個經歷中內化了什麼結論（關於你自己、別人或這個世界）？把它寫下來。別急，你可以慢慢來。

④ **如果有需要，直接對自己施予自我慈悲：**當你回憶過往創傷經驗時，可一邊揉著手臂，一邊靜靜重複：「這是痛苦的時刻。誰都會受苦。我要為這一刻帶來慈悲。我要給予自己需要的慈悲。」

⑤ **創造一個全新的場景：**書寫時可以用任何你想要的方式去修改舊場景。除了描述新場景的細節，還要描述你的新感受、感覺、姿勢、內心聲音和自我慈悲。你可以擁有光明快樂的感覺、歸屬感和自信心，也可以免受虐待或免於過度擔憂。

⑥ **寫一封慈悲的信給自己：**就像寫給你最好的朋友或心愛的孩子一樣，信中一定要包括你的感受。儘管經歷困難，但你可能希望對自己經歷過的困境、曾經展現的力量以及做過的好事表達同情和認可。你可以慢慢來，好好追蹤身體內的任何變化。

書寫時須特別注意的事項

只為你自己而書寫。如果擔心別人看見你寫的東西，可能就會抑制自己的表達。因此，完成這項練習以後，不妨銷毀所寫的文字來保護你的隱私。

在這 4 天中，你可以每天都寫同一個讓你感到羞恥的事件，也可以寫不同的事件，請自由選擇。另外，在這 4 天描述讓你感到羞恥的事件時，應該會遇到一些困難，書寫的過程可能也不會太愉快，但請相信寫了 4 天以後，你的情緒就可能會比沒有書寫以前更好。如果描寫過去的羞辱事件讓你感到寸步難行，那就放輕鬆一點。你可以寫些不那麼痛苦的記憶，或者尋求心理健康專家的幫助。

追蹤你的練習結果

每天依次進行上述的練習，連續練習 3 ～ 4 天，並在附錄 A 的「修復練習紀錄表」或以下空白處寫下練習紀錄。

_____

_____

_____

_____

_____

_____

_____

_____

_____

_____

第 18 章
軟化身體的羞恥感

照鏡子時，你是否曾仔細留意你看到的東西？是否注意到自己的瑕疵，而有一股往下沉的感覺？或者，是否對身體內所有運作良好的事物充滿驚奇和心懷感激？你的眼界是否超越了身體缺陷，並且很高興地看到了核心人物，也就是你這個人，認為你是個奇蹟？

我對個案丹恩的印象十分深刻。丹恩的家族都在警界服務，而他是第三代警官。他曾被毒販開槍射擊，結果不幸癱瘓；不過，現在他坐著機械輪椅環遊世界。丹恩大部分的身軀是殘障的，他的身形不再瘦削，肌肉也不再發達。他原本可以鄙視自己的身體，但他沒有，反而很高興自己的身體仍然可以做某些事情。最重要的是，丹恩非常樂觀，其自尊心完全沒有受損，因為他知道自己作為人的價值遠勝於他不完美的身軀。他每天都以幽默待人、散發熱情，一直在想自己可以如何幫助別人。

那麼，各位又是如何感受自己的身體？你和自己身體的關係如何影響你的自我意識和幸福感？

關於這點，讓我們探討一些重要的原則。你的身體不是你的核心或自我的本質；核心自我具有無限價值和無窮潛力。身體是外在的，就像其他外在的事物，好比收入、婚姻或職位。換言之，**外在事物不會影響你作為一個人的核心價值**。因此，你身體的外觀、化學成分、體重、能量水平或被人對待的方式，不會影響你的核心價值；外部事物的質量起起伏伏，有所波動，但你作為一個人的價值永久不變。話雖如此，我並不是說足夠的收入、漂亮的外表和身體健康

是不可取和不值得追求，而是當我們明確知道自己內在核心時，反而更能有效地追求外在事物。

　　不幸的是，如今許多人誤以為自尊等同於身體。與此相對，自尊是一種獨立於外在事物的內在體驗。

羞恥感與身體的關係，從何而來？

　　在很大的程度上，身體是羞恥感的承載物，因為我們透過身體去專注和體驗自我厭惡。尤其，如果你曾遭受身體上的虐待，或者別人曾取笑你的身體，情況更是如此。不過，任何羞恥感的情緒都可能在身體裡上演。

　　身體象徵核心自我：你感受身體的方式通常也類似於你感受核心自我的方式。用不愉快的感覺去體驗身體，會強化大腦中的羞恥感迴路。相反地，關愛和欣賞自己的身體，這種感覺就會記錄在右腦中，進而有助於重新連接羞恥感迴路。

　　以下練習改編自學者恩格爾（Engle）於 2006 年所提出的方法。練習時，會學著和自己不喜歡的身體部位進行富含慈悲的對話，藉此改變你感受該部位的方式。你可以在下面的空白處、日記本、白紙或電腦寫下你的感覺。

與有羞恥感的身體部位對話

先花幾分鐘放鬆，調整呼吸，做好準備去專注於自己的身體。挑一個可以拿在手中的過渡物體，例如：一顆網球。專注於這個物體的質地和觸感。

1. 寫下你最不喜歡的身體部位以及你為什麼會有這種感覺。例如：別人曾取笑你的某個身體特徵，或者你對那個部位非常不滿意。

_____

_____

_____

_____

2. 將慈悲呼吸到那個身體部位，並且追蹤你整個身體的情況。你可以慢慢
   來。你爲什麼欣賞或你是否欣賞過那個部位？

_____

_____

_____

_____

_____

3. 如果你和那個身體部位對話，它會說什麼？它想讓你知道什麼？它有什麼
   可以教你嗎？花點時間聆聽，寫下（身體）浮現的東西。

_____

_____

_____

_____

_____

4. 當結束以後，追蹤你的身體和情緒。留意是否有任何事情以讓你愉快的
   方式發生了變化。在以下的空白處描述看看。

_____

_____

_____

_____

_____

這種與身體「對話」的練習非常具有啟發性，它可以改變我們感受身體和感受自我的方式，誠如以下表格所示：

身體部位的訊息	該訊息教會了我什麼
你讓我感覺很糟糕，因為你不接受我本來的樣子。	我會接受自己的身體，並以感激和尊重的態度對待它，不會以嚴厲的批評來貶低它。我會好好照顧自己的身體。同樣地，我會善待自己的核心自我，這比嚴厲的自我批評或自我厭惡更能幫助我成長。
你只注意我的不完美，卻沒發現我美好的一面。	無論是我的身體或我的核心，留意什麼是美好的，比對自己的缺陷感到沮喪更能激勵我。
你的身體部位雖不完美，但你不僅止於此。	我的條件雖然不好，目前也還有缺陷，但我會努力看待自己的長處，不會糾結於自己的弱點。
雖然我很虛弱，但我已經盡力為你服務。我希望你能感謝我為你所做的一切。	儘管我有內心的弱點和面臨挑戰，但我能走到現在，真的不容易。萬歲！

追蹤你的練習結果

每天完成一次「與有羞恥感的身體部位對話」練習，至少持續練習 3 天。你可以跟相同的身體部位交談，或嘗試跟不同的身體部位對話。也別忘了在附錄 A 的「修復練習紀錄表」或以下空白處寫下練習後的感受。

_____

_____

_____

第19章
重新喜愛自己的身體

壓力反應有時是好的，它往往能幫助我們注意到哪裡出錯和哪裡會令人擔憂；這在緊急情況下當然非常有用，然而，如果我們長期處於壓力之下，就會礙於這種專注而無法快樂地感受這個世界和我們自己的身體。

誠如前述，只要在年幼時因童年創傷經驗而受到毒性壓力，大腦就會長期處於警戒狀態。然而，大腦具有可塑性，因此我們是有機會重新替大腦連線。

我們從第 18 章開始了一種模式，也就是以和善的認知，以及欣賞的角度來感受我們的身體，而本章是基於這種模式但進一步強化。這種新的反應會使人愉快，也能改變讓大腦保持高度警覺的羞恥感。

事實上，人只要反思片刻，就會相信自己的身體真的很神奇。

不妨思考一下：大腦，它可以執行比任何已知電腦更為複雜的功能；心臟，在人的一生中會不停跳動，而且通常都不會出現問題，不斷將血液傳送到身體的各處細胞；耳朵和眼睛，是小型化（miniaturization）的奇蹟，讓我們能聽到熟睡嬰兒的呼吸聲，並且在春天欣賞美麗的花朵；皮膚和骨骼，在受傷後會自我修復，而複雜的免疫系統則會殺死許多有害的入侵物質。

因此，請從現在開始好好感受身體各處帶給你的奇蹟，好好愛它，讓我們一起進行本章的練習，重新愛上自己的身體吧！

喜愛身體的專注冥想

　　我們經常關注自己身體的不完美之處，卻忽略其他運作順暢的部位。人類透過這些器官部位，才得以欣賞大自然的景緻、享受愛人的溫暖擁抱，或者感受吹過皮膚上的微風；這種情況難道不會讓你感到好奇嗎？

　　這個喜愛身體的專注冥想練習，是由美國身心大師瓊恩・波利森科（Joan Borysenko）於 1990 年提出並經她的許可轉載，引導我們以健康的方式體驗身體。各位也許是第一次如此冥想，但請相信這樣的冥想有益於身心，且多次重複後效果通常會更好。

　　請找一個不受別人干擾的地方，大約放鬆 20 分鐘。以冥想的姿勢坐下，準備享受非常愉快的體驗。你可以跟本書的其他練習一樣，一次同時閱讀這些說明並加以應用，也可以請別人讀給你聽，或者事先自己錄製，然後再播放聆聽，跟著聲音的指引進行。

作法

① **先深呼吸，然後輕輕閉上眼睛，長嘆一口氣，**……輕輕嘆一口氣，……看看身體是否想伸展一下……，還是想打哈欠……（停頓）。

② **留意呼吸的節奏**……，吸氣時要感覺身體輕輕升起，呼氣時則要放鬆……（停頓幾口呼吸的時間）……，每次呼氣都是放手的機會……，感受愉悅的溫暖和身體的沉重感……，每次呼氣都會增加一點……（停頓）。

③ 現在，吸氣時**想像呼吸是一股溫暖、充滿愛意的光流**，從頭頂進入身體，讓它充滿你的前額和眼睛……，你的大腦……，你的耳朵……，你的鼻子……，去感受光線的溫暖，放鬆你的舌頭、下巴和喉嚨。讓整個頭部漂浮在溫暖的光之海洋……，隨著每次的呼吸，海洋會越來越明亮……（停頓）。感謝你的眼睛讓你能體會視覺的奇蹟……，感謝你的鼻子讓你能在寒冷的早晨（或任

何你喜歡的時刻）聞到玫瑰的芬芳和熱咖啡的香味……，感謝你的耳朵讓你聽到各式各樣的聲音……，感謝你的舌頭讓你品嚐到美味……，讓光填滿和治癒你感官的每一個細胞……。

④ **將光吸進你的脖子**……，讓它輕輕擴展到你的肩膀……，然後沿著你的手臂……，進入你的雙手……，**一直到延伸到你的指尖**……，感謝你的手臂和雙手，感謝你一生創造和感受到的一切……，所有你曾擁抱和心繫的人……，在光的溫暖和關愛中休息……，隨著每次的呼吸，光會更加明亮……。

⑤ **將溫暖的光吸入你的肺和心臟**……，**感覺它穿透整個胸膛**，讓每一個器官、每一個細胞都充滿愛。當你呼吸時，感謝你的肺給你帶來生命的能量。此外，感謝你的心臟給你身體的所有細胞提供了養份，這些年來為你提供如此棒的服務……，在感激和愛中休息……，隨著你每次的呼吸，光會更加明亮……（停頓）。

⑥ **將光吸到你的腹部**，感受它深入到你的中心，進入消化和生殖器官……，感受你身體的奇蹟……，生育的奧祕和孕育生命的能力……，讓光從你的軀幹擴展到你的臀部……，越來越溫暖和明亮……，平衡和治癒你身體的所有細胞……。

⑦ **將光吸到你的大腿**……，進入骨骼和肌肉、神經和皮膚，讓它們在光的能量中充滿活力……，在你的關懷和關愛中感到慰藉……，讓光擴展到你的小腿……，和你的腳……，一直到你的腳底……，感謝你能夠行走的這項恩賜……，讓愛之光越來越明亮……。

⑧ **在充滿光的地方休息**……，**享受生命的力量**……，如果你的身體有任何部位需要放鬆或治療，將光引導到那裡，用你會給予受傷小孩的關愛來包覆那個部分……（停頓）。

⑨ **呼吸時，感受光是如何從你的身體散發出去**……，就像一道光照亮黑暗，將你包圍在一個愛的繭裡面……，你可以感覺繭在你的身體周圍，在你的上方和下方，向四面八方延伸大約 90 公

分……，它是一個巨大的繭……，你可以完全感到安全，你可以在此替你的身體和心靈充電……（停頓）。

⑩ **你可以想像其他人周圍的光……，以同樣的愛、感激和治癒的光輝圍繞他們……**，在光中看到你所愛的人……，在光中看到你認為是你的敵人的人……，然後讓光擴大，直到你可以把整個世界想像成一個光球……，（停頓）……，你在光之宇宙裡（停頓）……，一切相連……，一切安寧……，感受創世的奇妙和威嚴……（停頓）。

⑪ 休息 1～2 分鐘……，只要保持呼吸即可……，回到你體內溫暖和舒適的感覺……（停頓很長的時間）。然後，開始重新引導自己回到房間……，慢慢按照自己的節奏……，帶回平靜和感激的心情。

追蹤你的冥想練習結果

每天都要重複這個冥想練習，至少練習 3 天，同時在附錄 A 的「修復練習紀錄表」或以下空白處寫下冥想之後的感受與想法。

_____

_____

_____

_____

_____

_____

_____

_____

第 20 章
改變悲觀想法的內心對話

當壓力喚起程度返回至彈性區域（既不太高，也不太低）時，調節邏輯思維和語言表達的大腦區域就會變得活躍，如此一來，認知療法就能幫助人重新連接大腦的羞恥感迴路。換言之，**認知療法是藉由重複改變大腦迴路、情緒和壓力喚起來改變負面的思考模式。**

研究人員和理論學家很早就發現，所謂的「習慣性想法」（habitual thoughts）會影響心理健康。例如：認知治療（cognitive therapy）的創始人亞倫・貝克醫學博士（Aaron Beck）發現他所謂的「憂鬱認知三角」（depression triad），這 3 種想法通常與憂鬱症有關。這 3 個想法分別是：「我不好」、「我什麼都做不了」和「事情永遠不會好轉」。

而在相關的研究中，「正向心理學」（positive psychology）的先驅之一馬汀・塞利格曼（Martin Seligman）找出了「悲觀歸因風格」（pessimistic attribution style）。

悲觀主義者被詢問為什麼會發生不好的事件以及該事件對他們和未來的影響時，他們通常認為事件是：

- **個人的**（「我的核心有問題；我真是個傻瓜。」）
- **普遍的**（「所有領域都有固定模式；我把一切都搞砸了。」）
- **永久的**（「這種模式很穩定，根本不會改變；事情永遠都不會好轉。」）

與樂觀的人相比，悲觀的人比較不快樂，身心健康會更差，在

專業領域或運動上也會比較不順遂，而且抗壓性更低。簡而言之，悲觀主義者會陷入負面情緒，進而傷害自己。

　　各位有沒有發現，「憂鬱認知三角」和「悲觀的思維」，兩者其實有相似的地方。此外，你可以學習用比較樂觀的思考模式去取代消極的思維模式，例如：使用下圖第 3 列的這些想法：

	憂鬱認知三角	悲觀歸因風格	替代思想
自我譴責	• 我不好。	• 我的核心有問題。 • 我是個失敗者。 • 我真是個傻瓜。	• 我會犯錯，別人也一樣。 • 這是個困難的情況，導致了不幸的事件。 • 我的本質依舊如此，我不會因此被貼上標籤。 • 從核心來看，我仍然是有價值的。 • 我是個有價值的人。
懷疑能力	• 我什麼都做不了。	• 我把一切都搞砸了。	• 我當然可以順利辦好一些事情。
絕望	• 事情永遠不會好轉。	• 事情永遠都不會好轉。	• 我只要累積經驗和努力去實踐，事情鐵定會慢慢好轉。 • 我可以提升自己的力量。

使人憂鬱的悲觀想法，真的會讓你感到羞恥；如果置之不理，它們會深切損害你的健康。例如：只要將創傷視為定義他們是誰，而不是將創傷視為罕見的不幸事件（或外部事件）時，就會出現更多創傷後壓力症候群的症狀。

相反地，用樂觀的想法取代悲觀的想法，則會刺激對慈悲、依附、同理心和平靜等很重要的大腦區域，同時抑制與情緒喚起有關的區域。因此，學習用樂觀的思考模式來覆蓋消極的思考模式，非常重要。

作法

① 找一處地方放鬆，可以不被打擾約 15 分鐘。如果閉上眼睛不會令你感到不舒服，不妨閉上眼睛。

② 想像把你的心靈放進肚子裡，並只留意呼吸的自然節奏。呼吸時注意腹部的起伏。**花點時間讓呼吸穩定下來。**

③ 搓揉你的手臂，用最舒服的方式上下移動雙手和前臂。感受你與身體的連接感，並追蹤身體內的感覺。

④ **回想一下讓你感到愉快的時間、地點或事件。**也許這段記憶會讓你想起自己看重的內在力量，請盡量回憶細節。你可以慢慢來。追蹤這種愉快的記憶如何影響你的身體、姿勢和感覺。你有什麼樣情緒？你要是感到快樂、自信和平靜，這些都沒有問題。

⑤ 用和善幽默的態度，慢慢重複 3 遍以下陳述中的每一項陳述。輕鬆深呼吸一次，慢慢讓它融入你的思想和身體。對每一項陳述都重複這個動作，**帶著信念和感覺去說出每一項陳述。**如果你發現內心抗拒對自己說好話，請接受它，一開始有這種情況是很常見的。當你敞開心扉接受善意的治癒力量時，要有耐心，讓慈悲來軟化這種阻力。

我感到沉著而有尊嚴，因為我知道自己的核心價值。

我以平靜的心接受不完美，

我雖然不完美，但可以去追求完美。

我會犯錯。每個人都一樣。這樣沒關係。

我有長處和短處，誰不是如此呢？

我的優缺點組合是獨一無二的。我喜歡與眾不同。

我認為自己大致上是有能力的。我有些事情做得不錯。

我不完美，但我是有價值的人。

我不完美，但我喜歡嘗試和成長。

我犯了錯，但我愛自己。

我碰上很糟糕的時期，但這並不能定義我。

我遠遠不止如此。

我受到不良的待遇，但我的核心價值不會改變。

我受到不良的待遇，但我卻更愛惜自己。

我傾向於認為：「我可以做到這一點。」

我大致上做得不錯。

錯誤是外在的，不是我的核心。

我累積經驗以後就會變得更好。

我有時會嘲笑自己做過的蠢事。

我能夠克服逆境。

如果我善盡責任，事情就會盡可能好轉。

我每天都會盡量找到可以享受或欣賞的東西。

我的生命很重要；我會好好活著。

我會敞開心扉，擁抱好人給我的關愛和友誼。

我愛不完美的自己，也相信有些人會愛我。

如果他們不愛我，那也沒關係。

我在逐漸學會愛自己，這種感覺很棒。

我不是超人，所以偶爾感到痛苦是很正常的。

我和其他人一樣有價值，但僅此而已。

因此，我會抱持謙虛的態度，內心也會感到很安穩。

我暗自高興能成為我這樣的人。

⑥ 當你在心中練習完上述這些陳述之後，請將注意力轉移到呼吸。
追蹤你的身體現在的感覺和情緒。你是否留意到任何變化？即使
是再細微的變化也可以。

追蹤你的練習結果

請重複這項練習 3 次，每天練習一次，持續練 3 天。然後填寫附錄 A 的「修
復練習紀錄表」或在以下空白處寫下練習後的想法和感受。

_____

_____

_____

_____

_____

_____

_____

第 21 章

斷開羞恥感記憶的流沙

　　有時，即使我們努力不去回想那些使我們感到羞恥的事情，這種羞恥感的記憶仍會像流沙般，把人拉進去，使我們陷入困境。提出「接受與承諾治療法」（acceptance and commitment therapy，簡稱 ACT）的美國臨床心理學家史蒂芬・海斯（Steven Hayes）開發了一種非常有效的策略，稱為「化解」（defusing），讓人能夠與融合到內心的慢性羞恥感記憶，保持情緒上的距離。

化解技巧的 4 項原則

　　1. 任誰都曾遭受情緒上強烈的痛苦：幾乎所有的人偶爾都會感到羞恥、悲傷或焦慮。根據海斯的說法，90％的人甚至會在人生的某個階段有輕生的念頭。換句話說，感到痛苦是很正常的。

　　2. 多數苦難源自於我們與自身過去無止盡的對抗：我們不斷地與痛苦記憶的征戰，拼命用思考來修復、解決或消除記憶（自我對話），結果卻被痛苦記憶鎖定或融合。假設最近有人苦毒你，讓你覺得自己不夠好，也許這會喚起你幼年時因壓力而產生的羞恥感。你可能會想：「我討厭這種感覺。這很丟臉。我不能告訴別人我有這種感覺。如果我真的不夠好，那該怎麼辦？我不想活在那種感覺中。我會做一些事情，讓我不再覺得自己不夠好。但要是失敗了，

*註：本章主要改編自《走出苦難，擁抱人生：接受與承諾治療自助手冊》（*Get Out of Your Mind and Into Your Life: The New Acceptance and Commitment Therapy*）（海耶斯和史密斯〔 Smith 〕，2005）和《接納與承諾治療：行為改變的經驗方法》（直譯：*ACT: An Experiential Approach to Behavior Change*）（海耶斯、斯特羅薩爾〔 Strosahl 〕和威爾遜〔 Wilson 〕，1999）。

那該怎麼辦？那我會覺得自己更不夠格了。我不想去想這件事。我要找點事情做，分散自己的注意力，這樣就不會去想它了。」

內心的天人交戰永無止盡，這是一場我們無法取勝的戰爭；因為你只要一聽到「不夠好」這個詞語，就會重新陷入內心征戰，繼續挖掘舊有傷痛。我們會說，這個詞語（此時是「不夠好」）已經和你的記憶融合在一起了。

3. 雖然我們可以控制95%的外部問題（比如：水龍頭漏水、輪胎沒氣或頭髮亂糟糟），卻無法擺脫自己的過往，也就是不好的記憶和痛苦的感覺。 回想一段記憶並不會消除它，但不去想它也不會讓它消失。我們不妨藉由仔細思考有關巧克力杯子蛋糕，來測試此論點。

把蛋糕視覺化、聞一聞它、嚐一嚐它，感覺它就在你的嘴裡。然後，盡量不要去想蛋糕。畢竟，它會增加了很多沒營養的空熱量，所以最好不要去想到巧克力蛋糕。但卻如你所料的，你現在還是會想起它，甚至可以數一數在接下來的1分鐘內，會想到巧克力蛋糕多少次。

痛苦的記憶也是如此；只要你體驗過強烈的情緒，「不去想它」就不太可能奏效，甚至，你越是不去想它，就越可能會想起它：記憶是無法隨便抹去的。然而諷刺的是，由於我們與記憶對抗的次數越多，造成它們吸收的情感能量就越多。我們為了喘息，可能會逃離戰場；我們會試圖不去回想來逃避記憶，或者我們會去睡覺、工作、購物、做愛、賭博、看電視、吃止痛藥或做別的事情來自我麻痺，試圖分散注意力。然而，記憶隨時會湧上心頭，因為它從未改變。

4. 言語會把我們拉進內心的天人交戰： 也許你只要想到「不夠好」（或「無能」、「沒用」、「失敗」或其他讓你感到羞恥的字眼），就會陷入內心的征戰。而長期的內心傷痛會以下圖的方式循環往復：

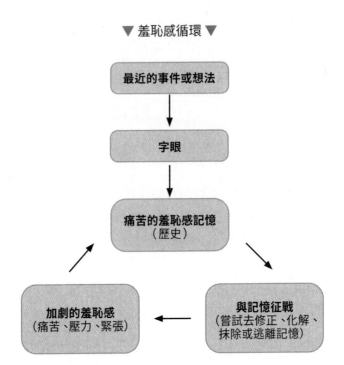

▼ 羞恥感循環 ▼

最近的事件或想法

↓

字眼

↓

痛苦的羞恥感記憶
（歷史）

加劇的羞恥感
（痛苦、壓力、緊張） ← 與記憶征戰
（嘗試去修正、化解、抹除或逃離記憶）

　　最近發生的事件，例如：受到別人批評，甚至是短暫的負面想法，都會引發諸如「不夠好」的羞恥字眼。這個字眼會把你拉進循環的戰爭，喚起羞恥感的記憶，使你痛苦不安，所以你自然會打起精神，持續與內心的傷痛對抗。然而，這是一場我們無法獲勝的戰爭，因為我們無法改變自己的過往。我們要是失敗了，羞恥感就會加劇，因而感到更加痛苦，然後不斷著眼於它，持續增加身體和情緒的喚起程度。羞恥感增加以後，大腦會回憶起更多的羞恥感和湧現更多的類似記憶。這被稱為狀態相關的「記憶檢索」（memory retrieval），並且這種循環會持續不斷。

　　為此，我們需要改變戰術！然而，矛盾的是，我們要完全加入戰鬥，才能更有效地化解或脫離內心的征戰。也就是說，我們可以學會以一種完全接受、歡迎、善良和冷靜的態度讓痛苦完全進入意

識。我們會去注意傷亡的情況，然後離開戰場，繼續過自己的生活，而不是浪費精力去改變記憶；這即是「化解技巧」的精髓。

化解技巧練習

1. 找出一個讓你稍微痛苦的記憶。也許你可以回憶起令你感到尷尬、遭人拒絕、感到羞辱、覺得不被尊重、受人虐待、被人嘲笑、感到不夠好或不被人愛的情況。也許你犯了錯或做了錯誤的決定，或許你受到虐待，也可能你的父母或「朋友」說你很懶惰或是個懦夫，而你多年來一直想逃避這種記憶。也許你最近經歷了逆境。請在以下空白處簡單描述一下。

_____

_____

_____

_____

_____

_____

2. 寫下這種情況如何困擾你。描述你的想法、情緒、景象和身體感覺。

• 想法：_____

_____

_____

• 情緒：_____

_____

_____

_____

．景象：

＿＿＿＿＿＿＿＿＿＿＿＿＿＿＿＿＿＿＿＿＿＿＿＿＿＿＿＿

＿＿＿＿＿＿＿＿＿＿＿＿＿＿＿＿＿＿＿＿＿＿＿＿＿＿＿＿

　　．身體感覺：

＿＿＿＿＿＿＿＿＿＿＿＿＿＿＿＿＿＿＿＿＿＿＿＿＿＿＿＿

＿＿＿＿＿＿＿＿＿＿＿＿＿＿＿＿＿＿＿＿＿＿＿＿＿＿＿＿

＿＿＿＿＿＿＿＿＿＿＿＿＿＿＿＿＿＿＿＿＿＿＿＿＿＿＿＿

3. 這段記憶困擾了你多久？回憶起這段記憶能夠擺脫它嗎？

＿＿＿＿＿＿＿＿＿＿＿＿＿＿＿＿＿＿＿＿＿＿＿＿＿＿＿＿

＿＿＿＿＿＿＿＿＿＿＿＿＿＿＿＿＿＿＿＿＿＿＿＿＿＿＿＿

＿＿＿＿＿＿＿＿＿＿＿＿＿＿＿＿＿＿＿＿＿＿＿＿＿＿＿＿

＿＿＿＿＿＿＿＿＿＿＿＿＿＿＿＿＿＿＿＿＿＿＿＿＿＿＿＿

＿＿＿＿＿＿＿＿＿＿＿＿＿＿＿＿＿＿＿＿＿＿＿＿＿＿＿＿

稍微分神一下：牛奶想像練習

　　這個練習能充分展現化解技巧為何有效。請先試做以下的事情：

　　A. 想一下牛奶這個東西，在你的心中和身體裡充分感受它。看看「牛奶」這個字眼讓你的腦海浮現什麼。你覺得大玻璃杯裡有白色的東西嗎？或在瓶子裡？或在麥片上？你有沒有感覺到牛奶塗在你的嘴上，讓你覺得又冷又滑？當你喝下牛奶時，你是否聽到「咕嚕咕嚕」的聲音，同時感覺它進入了你的胃？這種感覺舒服嗎？你是否想到「我喜歡牛奶的味道」、「我有乳糖不耐症」或「媽媽把

牛奶倒在我的麥片上」嗎？看看會發生什麼。一個字眼就能觸發這麼多東西，是不是很有趣？

B. 根據中立、不加評判的意識，盡量大聲說出「牛奶」這個詞，持續說 45 秒（暫停）。當你重複「牛奶」45 秒以後，留意發生了什麼。我經常聽人說他們體驗「牛奶」這個詞的方式發生了變化。「牛奶」成了一種聲音，沒有與牛奶記憶相關的意義或感覺。

以相同的方式重複一個與羞恥感記憶融合的字眼，其往往就能抵消它和相關的羞恥感反應。現在你已做好準備，可以用接下來的題目去練習化解技巧。

---

4. 回想讓你稍微痛苦的記憶，選擇一個字眼來描述這個記憶讓你對自己的感覺，這個字眼要能直擊痛苦的核心。它可能是「不好」、「無能」、「愚蠢」、「沒用」、「無助」、「無能為力」、「不足」、「懦夫」、「懶惰」、「噁心」、「羞恥」、「有罪」、「傻瓜」或「笨拙」等。

也許這個字眼會主導你看待自己和過去的方式。我想起一個聰明的女人，她的自我認同與「傻瓜」這個詞融合在一起，這是她挑剔的父親給她取的綽號。她上過大學，但幾十年來卻一直與這種感覺征戰。也許這個字眼嵌入了她幼年的記憶，但更多的是一種感覺，無法用言語來描摹。

無論如何，只要能準確指出這個令你痛苦的字眼，就都可以讓你表達內心的感覺，這就像給受到感染的傷口擠出膿一樣，這樣一來，就可以擺脫傷痛。不管你的字眼是什麼，把它寫下來。

_____

_____

_____

_____

_____

5. 用 0 到 10 的等級去評估這個字眼帶給你的痛苦程度；0 表示沒有痛苦，
   10 是你能想像最痛苦的感覺。把它寫下來。

   _____

   _____

6. 將那段記憶迎進你完整的意識中，要心懷善意地去接受它，不要將它當
   作你正在對抗的敵人，而是把它當作朋友，歡迎它進入你的家。你不要
   去想「我會咬緊牙關，忍受 1 分鐘，這樣才能擺脫它」，而是要想「我心
   懷善意，歡迎這個記憶完全進入我的意識。」讓你的身體柔軟和放鬆。
   想想那個朋友待在你的家裡，它很靠近溫暖的壁爐。

7. 以這種和善開放的態度，大聲重複念出你在步驟 4 選擇的字眼，並在 45
   秒內盡量多次重複它。做完以後，用 0 到 10 的等級去評估你的痛苦程度，
   並把它寫下來。

   _____

   _____

8. 留意發生了什麼。你注意到這個字眼失去了一些對你情緒上的影響力嗎？
   你是否認為它只是一個字而已？你是否覺得你和這個字不那麼融合了嗎？
   你的記憶或這個字眼是否不那麼讓你痛苦了？你知道自己真的可以忍受
   它嗎？

   如果是這樣，不妨運用這項不錯的技巧去處理其他同樣讓你痛苦的經歷。
   以和善的態度讓痛苦進入開放的意識是很有效的，而且你也可以仔細留
   意這樣感受記憶的方式會如何改變。

9. 現在嘗試再次重複這個字眼大約 45 秒，不過這次請改變重複唸它的方
   式。請先大聲地說，再輕聲說；先慢慢說，再快快說；先用假音說，再
   用低音唸。試著用責罵的語氣說這個字眼，就像動畫《超人特攻隊》裡討
   厭的衣夫人（Aunt Edna）會用的口吻，然後再用俏皮的語氣來唸它。接
   著以和善的語氣重複這個詞。改變說話的口氣能進一步幫助你改變感受
   記憶的方式。完成後，再用 0 到 10 的等級去評估你的痛苦程度，並把
   它寫下來。

   _____

   _____

我曾看過這種策略深切改變人們對記憶的反應。有一位護士一想到讓她感到羞恥的記憶就會覺得噁心；而在她嘗試了這個練習之後，她的丈夫發現她第一次可以在沒有負面反應的情況下，談論讓她感到羞恥的記憶。如果這項技巧對你有所幫助，不妨就以謹慎的態度用它來處理讓你感到更痛苦的記憶，好比幼年的創傷記憶。

化解技巧的其他應用

另外，你可能會想使用化解技巧去處理其他讓你更加痛苦萬分的字眼，那具體來說該怎麼做呢？學者福萊特（V. M. Follette）和皮斯托雷洛（J. Pistorello）建議可以思考以下幾點來找出這些字眼：

- 我私底下害怕自己是 _____，但周圍的人通常不知道我有這種想法。
- 別人暗示或明說我是 _____，我會非常生氣。
- 在我父母眼中，最差的人品曾是／就是 _____。

如果你不記得觸發這些字眼的特定記憶，那麼，只需懷抱著善意，將這個字眼帶入開放的意識中，去感受所有的情緒和身體的感覺，並重複它 45 秒，然後留意發生了什麼。

帶著痛苦持續向前邁進

你可以讓傷痛進入意識，然後離開戰場，繼續你的寶貴現實生活，而為了進一步鞏固這種想法，不妨嘗試這個練習。

在一張白紙上畫出一顆大腦袋。把你腦海正在想的東西（無論是感覺、情緒、想法和景象）全部放進去。再次以友善和接納的態度，放鬆身體去做這個練習，然後把紙折起來，放進口袋，去過正常的日子；這就象徵著你可以忍受傷痛並繼續過生活。**你可以承認自己感到痛苦，但不會讓它阻礙你去做自己最想做的事情。**

以幽默化解

如果你想用幽默來化解痛苦，不妨試試這個。站起來。將大部分的重心放在一隻腳上，再彎腰下沉，處於一個讓你感到羞恥的姿勢。低下你的頭，悶悶不樂地說：「我不夠好。」真的讓那句話的痛苦感覺以一種你能接受的態度沉沒。再把你的重心轉移到另一隻腳上，然後說：「我不夠好。」現在彎曲你的膝蓋，雙手放在身後，就好像準備要站著去跳遠一樣，將手指朝向天花板，筆直伸向空中並擺動手指。當你跳到空中時要帶著燦爛的笑容說道：「我不夠好。」再做 2 次。

當你這樣做時，你可能會發現你正在做的事很不協調而輕聲發笑。事實上，只要我們輕笑我們就會痊癒。留意你覺得自己不夠好的感覺是如何變化的。你現在已經使用了再穩固原則，融入幽默感和身體動作來改變你體驗自己不夠好的方式，誰偶爾都會有這種感覺。當然，你可以使用這項練習去處理其他令你感到羞辱的標籤。

追蹤你的練習結果

重複練習化解技巧 3 次，每天練習一次，持續練天，然後填寫附錄 A 的「修復練習紀錄表」。然後，不妨也嘗試用化解技巧去處理一個或多個情況，並將練習結果記錄在附錄 A 的「修復練習紀錄表」或以下空白處。

_____

_____

_____

_____

_____

_____

第22章
羞恥感不見之後，會如何？

「我不稱職、非常無能，而且也不夠好」之類，讓你感到羞恥的想法是否不斷困擾著你？你是否因此而覺得煩惱或焦慮？你是否對抗或逃避這些想法，而且一有這些想法就感到緊張，或者只不斷試著修復自己？

這時，只要思考2個問題，就可以馬上轉變上述的感受，讓你感到寧靜，踏實地感受到自己的價值：

（1）如果每個人都像你一樣，世界會有什麼不同（變得更壞）？
（2）如果每個人都像你一樣，世界會有什麼不同（變得更好）？

第1個問題，是要你承認自己的弱點，第2個問題則鼓勵你看清楚自己的優點。誠實且不加評判地承認弱點是很好的做法，一般來說我們都會覺得示弱等於失敗，但奇怪的是，這時它反而會讓你穩定心性。因為你面對了現實，也發現世界並沒有完蛋。更重要（且能夠激勵你）的是，你體認到了自己的優點。如果你在令你感到羞恥的環境中長大，誠實地找出自己的優點就非常重要。

你很快就會花時間去思考這些重要的問題，但首先，來看看看某個人如何在深思熟慮後完成這項練習：

1. 如果每個人都像你一樣，世界會有什麼不同（變得更壞）？在這個步驟中描述世界會如何變得更壞。

每個人都會變得害羞、矜持、退縮、內向、缺乏自信、對緊急情況反應遲鈍、自我懷疑（我夠好嗎？我得努力給別人留下好印

象）、焦慮、嚴肅、不風趣、內疚、自尊低落、不善於社交、會被權威人物嚇倒，以及與人交往時感到不確定和不信任對方。

2. 如果每個人都像你一樣，世界會有什麼不同（變得更好）？

大家會非常尊重別人，每個人都會理解並善待掙扎和受苦的人。大家會更願意相互傾聽，人們會享受彼此相伴的歡樂時刻。人們會感同身受和抱持慈悲心，不會隨意批判。人們會遵守法律，誰都不會犯罪或故意傷害別人。人們會努力做到最好，從錯誤中吸取教訓，而且改善自己，謀求自身和別人的利益。

人們會與喜愛的人分享人生經驗，他們看到別人成功和獲得成就時會高興不已。每個人都會伸出援手去幫助需要幫助的人，不會有人自吹自擂或認為自己高人一等。人們會慎重而謹慎，他們希望別人成功和快樂。他們會好好與人相處，會造福別人，讓他們過得更好。此外，根本不會爆發戰爭。

現在，輪到你用以下的工作表來思考這些問題了。

羞恥感消失之後，世界將如何變得不同？

請試著以文字回答以下 2 個問題。你可以慢慢思考，把問題放在一邊，等 1 ～ 2 天以後再看看你想到什麼。請澈底思考這 2 個問題。寫完你對這 2 個問題的答案以後，再開始去處理你所寫的內容。

1. 如果每個人都像我一樣，世界會有什麼不同（變得更壞）？在這個步驟中描述世界會如何變得更壞。

_____

_____

_____

_____

_____

_____

_____

2. 如果每個人都像我一樣，世界會有什麼不同（變得更好）？

_____

_____

_____

_____

_____

_____

_____

處理你的回應

根據上面的答案，思考以下 6 個問題，把反思寫在次頁空白處或你的日誌中。

① 誰都有優缺點，這是毫無例外的。從某種意義上說，你和別人沒兩樣。

② **透過全然的意識去審視你的弱點，只以慈悲和慈愛去完全清晰地承認它們**，不要有一種模糊的不安感覺。看著你的弱點，就像看著一個心愛的孩子或最好的朋友，你知道他們還沒有學會如何克服這些弱點並將其轉化為優點。當你以這種方式承認自己的弱點時，請留意身體的感覺。你是否發現這樣回應自己的弱點會讓你稍微感到安定？你的身體感覺更平靜了嗎？你是否更安心了？別著急，你可以慢慢來。

③ 當意識到自己的優點時，感覺如何？也許這是一種全新的體驗，

可以讓你感覺自己的某些優勢是讓（或可以讓）世界變得更美好的資產。你的優缺點組合是獨一無二的，因此你與眾不同。

④ **思考你的優點(和弱點)，代表你從此可以成長了。** 你要抱持耐心和慈悲，這些領域可以相互合作，隨著時間的推移，你會越來越活躍。

⑤ 進行這項練習是否會讓你更加欣賞那些與你相得益彰、使你振奮和激勵你的人？

⑥ 這項練習是否足以證明你的優點對自己和別人都有價值？它是否讓你覺得自己在這個世界上占有一席之地？

第 23 章
如何應對羞恥感的反撲？

　　有時，即便已掌握應對羞恥感由生的方法，並繼續往前邁進時，羞恥感有時仍會再度出現；實際上，這種情況並不罕見。例如：被人欺負時，可能就會喚起童年創傷經驗所造成的舊有羞恥感。

　　為此，你最好做好準備，預先備妥計畫來因應這種情況的發生。以下的練習，是 2013 年由美國創傷治療專家瑪麗貝絲‧威廉斯（Marybeth Williams）所提出。

　　方法很簡單，首先，閱讀他人對羞恥感的建設性反應，然後再寫下你自己的反應。

1. 當我和那些仍然試圖羞辱我的人在一起時，我可以……

- 面帶微笑，心裡想著：「無論你做什麼或說什麼，我都認為自己是有價值的。」
- 使用自我慈悲的陳述。
- 用自己最喜歡的身體放鬆技巧，來舒緩身體。
- 冷靜而有尊嚴地走開。
- 忽略這個人，他們可能是自己感到羞恥才會那樣做。

2. 當我感到羞恥時，我可以告訴自己（也願意試著去相信）……

- 我身為一個人，自己的價值是無限、不變以及和他人一樣的。
- 羞恥的念頭和感覺就是這樣，這種念頭和感覺來來去去。我比自己想的和感覺到的更為深刻。

- 無論如何，我都要愛自己，我現在就要愛自己！
- 我為什麼要擔憂另一個不完美的人在想什麼呢？

3. 如果羞恥感再度出現，或者假設有人試圖要羞辱我，我可以……

- 運用 5 分鐘從腳到頭的減壓法。
- 好好呵護自己，比如：洗熱水澡、悠閒散步、吃一頓營養的餐點，以及好好睡覺。
- 為自己加油打氣（「你做得很棒……你真的很努力」）。
- 當我來到恥辱感之下去體驗真實的我、感覺那種快樂和有價值的本性時，我要面帶微笑。

以下的問答可讓各位回顧本章所學到的羞恥感應對技巧，並規劃一套最適合自身的應對方式。完成這些問答之後，你甚至可能想出新的想法，請以此應對你以前沒有想過的羞恥感。

羞恥感應對計畫

請認真思考以下問題，並為每個問題列出 3 個答案：

1. 當我和那些仍然試圖羞辱我的人在一起時，我可以……

_____

_____

_____

_____

_____

_____

2. 當我感到羞恥時，我可以告訴自己（也願意試著去相信）……

_____

_____

_____

_____

_____

_____

3. 如果羞恥感再度出現，或者假設有人試圖要羞辱我，我可以……

_____

_____

_____

_____

_____

_____

_____

　　回答完這 3 問題之後，請先將答案擱置 1 ～ 2 天，然後再回來調整，直到你對這份書面計畫感到滿意；一旦對於這份計畫感到滿意時，就要開始在心中演練，想像看到自己感到羞恥。請不要加以批判，僅留意身體的感覺，然後看著自己使用擬定的應對策略。最後追蹤身體、情緒、想法或景象有什麼變化。

追蹤你的練習結果

每天練習一次，持續練 3 天，然後填寫附錄 A 的「修復練習紀錄表」或在以下空白處寫下練習紀錄。

_____

_____

_____

_____

_____

_____

_____

第 5 篇

修復之後，別忘了繼續向前邁進

第 24 章

重新培養自尊

　　截至目前為止，本書的重點放在治療童年創傷經驗所引起的傷痛，這是「別人」帶給你的痛苦，而在本章將讓你了解「你自己」可能有意無意地讓自己產生羞恥感，同時也會告訴各位如何化解這種羞恥感並用自尊取而代之。

　　擁有自尊就是心平氣和、享有內心的歡愉，樂於成為自己。有了這種喜悅，就表示你的內心平靜，知道自己品格良好；不是說你完美無瑕，而是你正在盡最大的努力去提升自己和別人。**品格代表你的本性。**當你能感覺自己本性良好且值得信賴，同時也知道你自己聲譽良好時，就很容易感到內心的喜悅，那是一種內心的平靜和對自己的尊重，也是能否享有自尊和獲得幸福的關鍵所在。

　　如果你已經按照本書的練習而走到這裡，希望你已經在重新處理其他人事對你造成的羞恥感上，取得了重大進展。現在，讓我們轉移注意力，改變會觸發或加深你舊有羞恥感的自選模式。

為什麼我們會為「自己」創造羞恥感？

　　著名的美國心理學家亞伯拉罕‧馬斯洛（Abraham Maslow）曾明確寫道：

> 「每個人都會深刻且強烈地體會到一件嚴肅的事情，只要自己每一次悖離『物種美德』（species-virtue）、每一次違背自己的本性，以及每一次做出邪惡的行為，這些都會毫無例外地記錄在我們的潛意識中，造成我們去鄙視

自己。美國心理學家卡倫・霍尼（Karen Horney）用了一個很好的字眼來描述這種無意識的感知和記憶，她稱這種狀況為『登記』（register）。

如果我們做了讓我們羞恥的事情，它就會『登記』為我們敗壞名聲；假使我們誠實、做了好事，它就會『登記』為我們聲譽卓著。最終的結果不是我們會尊重並接受自己，就是我們會鄙視自己，並且感到自己可鄙、毫無價值和不討人喜歡。神學家過去常用『懶惰』（accidie）* 這個詞來描述人沒有去做自己能做的事情，這是一種罪。」

馬斯洛繼續指出，**真正的內疚不是忠於自己，忠於自己的本性，而是背叛了自己**。不過，這種內疚對人的發展是必要的，它是發揮潛力的內在指南。為此，我們要在此區分真實或合理的內疚以及長期誇大的內疚和羞恥。真正的內疚是有幫助的，它會協助我們改變讓我們痛苦的行為，然後這種內疚就會被好好釋放出去。然而，長期誇大的內疚和羞恥感則是沒有任何實質的用處，只會破壞我們的身心健康。

良好的品格

好的品格能使我們自己本身和別人都會喜歡和信賴我們，同時還能提供內在力量，在我們陷入困難時保護我們。相反地，如果我們認為自己品格不良，就會感到痛苦和悲傷。

2018 年，荷蘭學者範布魯根（van Bruggen）等人研究了健康照護專業人員，以及受創傷後訴苦的病患所抱持的 8 項假設。這些假設牽涉人們如何看待自己，以及認為世界、別人或事件是否是美好的。研究人員發現，在這些假設之中，「自我價值」（self-worth）

---

*譯註：這個字源自於拉丁文，屬於中世紀七宗罪的其中一條。

與創傷後症狀的關聯性最強。

所謂的自我價值，就是「個人認為自己是否是良善、有道德、有價值和正派的人的一種假設」，並可根據以下 4 個項目來衡量：

- 經常認為自己一點也不好。
- 我看輕自己。
- 我對自己的品格感到不齒，這是有道理的。
- 我很滿意我是這樣的人。（此為反向分數）

他們得出的結論是，這一發現符合「人們普遍的認知，就是自我價值是精神病發展的一項重要因素」。

我們會在哪裡以及為什麼會遇到麻煩

誰都做過讓自己名譽掃地的事情，也許我們當時太年輕、缺乏經驗、粗心大意、過於好奇，或者當時不知道該如何對痛苦做出反應。我們就是不完美的平凡人，當我們努力弄清楚什麼會真正讓我們快樂，以及做什麼才會讓自己對生活感到滿意時，我們就會做下這種事情。

雖然我們無法改變自己的過去，但我們可以從經驗中學得教訓，把過去的遺憾轉變成「最終吸取的教訓」。與其用苛刻的態度批判自己，讓自己感到自卑，不妨努力看看我們選擇的做法到底是否有效，然後在必要時隨時修正。

成功建立自尊的 2 大關鍵

建立自尊有 2 項關鍵：
（1）停止做傷害自己或別人的事情。
（2）讓自己的性格更堅強，以便促進內心的平靜。

而這 2 項關鍵的根基在於，要先認識和理解自己的習慣模式、

掌握 4 項治療原則，以及了解自己可能要面對什麼，同時，這些治療原則將引導之後的練習順利進行。

治療原則

- 過去的選擇和行為無法反映你更高的本性和潛能。儘管它們可能會烙印在你的神經系統，但它們只是過去的選擇和行為，並沒有定義你真實的本性。

- 目標是利用過去的經驗來喚起你進入更高的存在，以此接觸你更高的本性。因此，請不要自責或感到羞恥，只要留意自己去過哪裡和想去哪裡。與此同時，也要承認自己做過的好事，這樣就能反駁人人都是壞人的錯誤觀念，並激勵自己在過去的成功基礎上再接再厲。

- 標準並不是要達到完美，如果是這樣的話，沒有人會感到內心平靜。相反地，你要努力追求理想的品格，在自己做不到的時候盡量對自己懷抱善意。當你跌倒時，你會拍掉身上的灰塵，繼續向前邁進，因為你知道人一生要堅持不懈，才能建立良好的品格。

- 你最終回顧時必將感到心滿意足，並且想著：「我確實犯了錯誤，但我知道我已經盡力從錯誤中吸取教訓，而且過上美好的生活。」

停止做傷害自己的行為

除此之外，還要停止自毀的行為，但僅僅這樣還是不夠，你必須要找到更能滿足自己潛在需求的替代行為。

思考一下你過去處理壓力的方式，那些方式可能效果不佳，或者讓你陷入困境。你待會兒要填寫一份評量表，以便深入了解哪些未滿足的需求可能讓你以前採用效果不佳的應對方式，評估這些舊方式的有效性，同時找出可能讓你不那麼感到羞恥的全新應對方式。

以下是範例，先看看別人是如何完成這份評量表的。

過往的應對方式	我試圖要滿足的需求	效果如何	新的應對方式
憤怒。我對那些挑剔我的人大發雷霆。	保護自己免於遭受痛苦萬分的羞恥感。	• 似乎讓別人不敢靠近我。 • 讓我對自己很失望。	• 理解並接受人是不完美的。 • 原諒。 • 保持耐心。 • 友善待人。 • 接受我自己。
否認。我不能承認自己錯了。	讓自己不會感到羞恥和痛苦。	我沒有因為犯錯而感到痛苦,但我無法改善自己否認的東西。別人和我爭論,然後放棄。	心懷善意接納自己的弱點,面帶微笑承認自己的缺點。
我對某些東西上癮(如:埋首工作、吸食毒品、瘋狂購物)來逃避內心的痛苦。	不想感到痛苦。	可暫時逃避,痛苦沒有被真正化解。成癮後會衍生更多的問題。	心懷慈悲地承認並撫慰自己的痛苦。
我對某些東西成癮,從中尋求慰藉和幸福。	尋求快樂。	我獲得了一些快樂,但沒有得到想要的「深刻」快樂。	從內心深處找到幸福,善用靈性和精神方面的資源。
批評自己。	修復自己,讓自己不再因犯同樣的錯誤而感到恥辱。	嚴厲批評使我洩氣和感到沮喪。	激勵自己。
隔離。	讓我不會因為被別人拒絕而感到痛苦。	這讓我感到十分孤獨。	認清每個人的性格不盡相同,敞開心扉,慢慢讓值得信賴的人進入內心。

愛，往往能夠化解恐懼，讓我們平靜地看到和更深入了解自己目前的情況，以及我們想要成為什麼模樣。因此，請抱持極大的慈悲心和洞察力來完成次頁的評量表。

新的應對方式

① 在第1欄中，描述過去面對壓力時經常做出的反應。
② 在第2欄中，找出試圖透過那種應對方式去滿足的需求是什麼。
③ 在第3欄中，描述這種應對方式的效果。你可能會發現有一點效果。如果沒有，你可能早已放棄了這種行為。
④ 在第4欄中，寫下更可能有效滿足需求的全新應對方式。如果你想不到更好的方法，就可能又會沿用過往的應對方式；如果新的應對方式似乎遙不可及，也請不要擔心。這時只是要評估目前的狀況並找出可能對你更有效的新方法。只需了解自己以前可能沒有認真考慮的新應對方式，這樣就非常棒了。

有助塑造品格的統整冥想

世界各地對於哪些是最珍貴的品格，普遍來說是達成了某種共識；這些品格能促進社會和團隊的和諧與互助，也能使人更加信任與尊重別人。不過，也許其中最重要的是，它們能提升我們的自尊和促進內心的平靜。

以下這個練習，將幫助你了解自己是否具備這些品格，讓你知道自己稍具這類性格，並擬訂計畫來進一步塑造、穩固它們。

再次強調，愛往往能化解恐懼，讓我們對自己看得更清楚。因此，請抱持善意和好奇心去完成這個練習。

「統整」（integrity）表示我們與自己最深刻的價值觀和諧相處，有了正直，便能感到幸福，也就是自尊、內心平靜、快樂和信任。

不妨靜靜坐著，思考以下的問題：是否有任何事情會讓你心神不寧，損害名譽，或者讓你自己或他人不信任你？你只要冷靜且好

過往的應對方式	我試圖要滿足的需求	效果如何	新的應對方式

奇地留意發生了什麼，不要去批判或批評自己。留意你身體的哪個部位體驗到即將發生的事情。把氣吸到那個部位。

塑造品格的下一步是心懷善意列出道德清單。而下面的練習改編自學者希拉爾迪（G. R. Schiraldi）於 2017 年提出的方法。同時，這份工作表也可以從網路下載：http://www.newharbinger.com/46646。

無所畏懼的、尋找的和熱愛的道德清單

首先，請閱讀以下表格中品格力量的定義。接著，調整這些定義，讓你覺得更符合自身的價值。

在第 2 欄中，請為目前的情況進行評分；第 3 欄則是提醒你有哪些力量和潛力可激勵你去改進。而在第 4 欄，請寫下能讓你塑造更卓越品格的具體步驟。例如：為了使自己更正直，你要花一個禮拜，每天記錄「正直 - 不正直的日誌」，譬如：

> 你聽到了謊言。
> 聽到這些謊言，你有什麼感覺？
> 你說出了謊言（甚至是「善意的謊言」）。
> 說這些謊言時，你有什麼感覺？你會更快樂嗎？
> 你說了真話（特別是你在很難說出真話時卻說了真話，
> 這時要給自己獎勵）。
> 你有什麼感覺？

在一個禮拜結束時，看看你做得如何，然後設定一項改進的目標。例如：目標可能是一整天（或其他可以達成的目標）只說真話，不說善意的謊言、欺騙別人或為了挽回面子而找藉口。

問問自己：「如果我說實話，最糟的情況可能是什麼？最好的情況又可能是什麼？」

品格力量	從 1 到 10 給自己評分，10 就表示全身充滿這種力量	請描述過去展現這種力量的時刻	請描述可以做些什麼來更好且更頻繁地展現這種力量
勇氣代表做其他事情雖有壓力，但仍然堅持做對的事情。			
誠實代表你只說真話。沒有「善意的謊言」、「半真半假」（用善意去委婉說出一半的真相）、欺騙或偷竊。			
正直代表你的行為符合你的價值觀，你表現出真誠、展現真實的自我，沒有任何偽裝。			
尊重代表你尊重別人，把他們當作有價值的人，你是有禮貌的。			
公平代表你遵守規則，不投機取巧，不占別人便宜，以及公正對待他人。			

忠誠、**信實**和**守信**代表你信守承諾和懷抱信心，不在背後說別人的壞話，並且是值得信賴的人。			
責任代表你能夠並願意為真正的需求和職責做出反應，而且值得信賴，能夠保護自己和他人。			
善良和**關愛**代表你關心別人，願意幫助和支持他們，讓他們得以成長；你體貼大方且心地善良。			
性統整（Sexual integrity）代表你會在愛和關心對方的前提下表達性需求，並且永遠不會以自私或剝削的方式去強迫別人。			
寬容代表你有耐心，願意包容其他人與你的不同和不完美。			

謙虛代表你認爲別人都像你一樣有價值，你可以向每個人學習；你有缺點，也有很多東西需要學習，就像其他人一樣。			
感恩代表你對生活中所有的美好事物，無論大或小都心懷感激。			

　　以下這個練習，會要求各位更深入探索品格力量。同樣地，這份工作表也可以從網路下載副本使用：http://www.newharbinger.com/46646。

提升品格力量

1. 先選擇一個你想提升的品格力量，然後完成以下這個句子。盡量寫出你能想到的答案（這可能會讓你非常有動力）：

我變得更加 _____（誠實、善良、寬容等）以後，相應的正面結果有……

_____

_____

_____

_____

_____

_____

2. 接下來，採取行動去提升這種品格力量。至少在後續的 3 天裡，練習你之前在「無所畏懼的、尋找的和熱愛的道德清單」第 4 欄中寫下的行動。請在此處寫下你要採取的行動：

反思品格的力量

以下的名人語錄，可以幫助各位進一步思考品格的力量為何：

「品格……對一個人的身分和自我價值至關重要。」———美國心理學作家／哈拉・埃斯特羅夫・馬拉諾（Hara Estroff Marano）

「與你的心靈契合，天地便能與你契合。」———敘利亞宗教聖人／尼尼微的聖依撒格（Saint Isaac of Nineveh）

「如果沒有遵循自身的道德感，誰都無法真正感到心安。」——— 美國政治作家／諾曼・考辛斯（Norman Cousins）

（當一位還在世的聖徒是什麼感覺？）「你必須保持聖潔，我必須在神賜給我的位置上保持聖潔……對你和我來說，保持聖潔並不困難。因此，成為聖者並沒有什麼特別。」———德蕾莎修女（Mother Teresa）

「矢志做善事。一遍又一遍做，你將滿心喜悅。傻瓜是快樂的，但他只要作惡，就不會快樂。好人可能會受苦，但他的良善會開花結果。」———佛陀（Buddha）

「過著美好而正直的生活。等你老了，回想起來，就可以再次享受生命了。」——達賴喇嘛（Dalai Lama）

追蹤你的練習結果

請在附錄 A 的「修復練習紀錄表」或以下空白處，寫下你提升品格力量的經歷。如果有正面的經歷，不妨繼續提升其他的品格力量。

_____

_____

_____

_____

_____

_____

_____

第 25 章
寬恕過去的舊傷口

　　這個世界充滿光明，也就是那些韌性十足、激勵著我們的人。你是否還記得那張 1972 年拍攝且在世界各地流傳的越戰照片？照片中的潘金福是個越南女孩，當年 9 歲，在一條泥土路上奔跑，因為被燒夷彈燒傷而痛苦尖叫。就在轉眼之間，她田園般的幸福生活變成了無情的痛苦深淵。

　　越南是個崇尚美麗的國度，但她因為滿身傷疤而無法一圓結婚的夢想。昔日的朋友則對她避而遠之。然而，她卻認為自己可以成為一名醫生來幫助其他同樣傷痕累累的孩子，但北越政府把她從學校拉了出來當作宣傳的棋子。她非常沮喪，甚至打算輕生擺脫痛苦。

　　金福最後想到了要原諒她的敵人，並且祝他們一切順利。她發現自己竟然對這麼多人心懷怨恨：不小心炸傷她的飛行員、粉碎她夢想的共產黨人、對她避而遠之的人、毀掉她家園的人，甚至無法理解她的痛苦的普通老百姓。她雖然感到很困難，卻開始為那些虐待她的人祈禱，同時祝福他們一切順利。漸漸地，幾乎是在不知不覺中，她發現自己的心在軟化。她又重拾帶有感染力的自然笑容，內心也再度感到平靜。她甚至受邀當聯合國的親善大使，在全球各地發表以和平與關愛取代仇恨的演講。

　　曾經讓金福不忍直視的照片，現在讓她抱持感激之情，想起她曾經幫助過的人。2017 年，她出版一本激勵人心的書，名為《火焰之路》（直譯，*Fire Road*），書中指出無論是誰都會踏上自己的火焰之路，因此，大家都得找到一條用愛代替痛苦的道路。

「寬恕」曾被認為只是一種神學概念，但現在它在心理學的研究中已站穩腳步，**可作為一種手段來讓毒性壓力倖存者，恢復內心平靜和重拾自尊**。正如我們先前所言，我們無法改變自己的過往，卻可以改變自己對過往的反應，而懷抱寬恕，就是一種把「我們自己」和人「與生俱來的智慧、愛的天性」重新聯繫起來的方式所做出的回應。

寬恕的原則

清楚地了解寬恕的本質，有助於你以寬恕之心去原諒童年創傷經驗和其他冒犯你的行為所造成的創傷。因此，清楚了解寬恕的原則，是懷抱寬恕的第一步：

- 寬恕並不能掩蓋冒犯者造成的嚴重傷害，因為若這樣做，就是「否認」，而這樣其實會阻礙你療癒傷痛。我們必須先完全承認傷痛之後再去寬恕，如此才能治癒傷痛。（回想第 4 章的「再穩固原則」）然後選擇釋放憤怒、仇恨和傷害冒犯者的想法，這樣一來，我們就不會再被痛苦所毒害。

- 寬恕嚴重的冒犯行徑既不簡單也不容易！然而，經歷這個艱難的過程會給你帶來許多好處。

- 有些人聲稱寬恕是有幫助的，但不是必須的；而我會說這是必須的，但應謹慎行事，而且只有在時機成熟時，才可以去寬恕。

- 寬恕是一種個人選擇，要用愛去代替憤怒。這種選擇與冒犯行徑的嚴重程度無關，也與冒犯者是否應該得到寬恕、道歉或請求寬恕無關。選擇寬恕完全取決於我們是否願意改變自己對過去的反應，我們選擇寬恕是因為看到選擇這樣做的人，已經從痛苦中解脫了。

- 無論冒犯你的照顧者、別人或你自己，寬恕都會將慈悲心延伸到冒犯者身上，因為那些故意傷害別人的人，是從暗處做

壞事，這是一種內心的疾病，會與內心平靜和幸福相牴觸。

- 最高形式的寬恕不僅可以釋放憤怒和報復的欲望，還會去祝福冒犯者。

- 寬恕並不表示與不值得信任的冒犯者和解（不過一旦彼此信任恢復，可能就能和解），也不一定代表忘記。其實，你可以向冒犯者討回正義，如此便能保護自己或他人。然而，伸張正義最好要有目標，不能只是一心想著報仇。

　　一般而言，寬恕分成 4 個階段：感受寬恕、寬恕自己、寬恕他人和尋求寬恕。以下，我們將依次探索這些以及與它們的相關的修復技巧練習。

（1）感受寬恕

　　人都會犯錯；每個人都曾不被人理睬，這點毫無例外。因此，那些經歷過真正寬恕的人，是多麼的幸運！你有過這種感受嗎？有沒有人告訴過你，他們原諒你所犯的錯誤，並且仍然愛你？如果是這樣，想一想那是什麼感覺。有時候，想到某位慈愛和寬恕的神靈，便能有這種體驗。

　　我曾經向一群退伍軍人解釋這項原則。會後一位略嫌粗魯且有點嚇人的海軍老兵走近我，說道：「我不相信什麼至高無上的存在，但我因為多年前的所作所為而感到懊悔。我能夠做些什麼？」我與他分享了以下這個方法。

作法

　　想一想，你過去做錯事或沒有做對事情的時候；這件事情，一直深深的困擾著你。現在，想像有一位善良且充滿愛心的道德人士，他支持你，希望你快樂，不想讓你再受苦。他可能是上帝或更高的力量、精神導師、值得你信賴的朋友或親戚，或者想像的人物。

你要安靜沉思，**想像自己對這個人物訴苦，說出你做了什麼或沒做什麼，以及這對你有何影響，然後感覺被他以慈悲心包覆**。想像那位道德人士抱以深切的關懷，完完全全承受著你的痛苦。留意你呼氣時所釋放的傷痛。當你吸氣時，想像吸入這位和藹人物散發的慈悲；呼氣時，要感受那股慈悲沐浴和洗滌你身體的所有部位。留意身體的感覺。聽聽那位善意人物在分享什麼。

也許這位善良的道德人物會說你當時還年輕、缺乏經驗或處於痛苦之中；或許你當時過於情緒化，你還沒有完全學會以更好的方式去應對。也許恐懼或自我懷疑阻礙了你，或者你是在脅迫下做出決定。也許你應該為你所做的好事而稍微受到讚美，或許你會聽到他對你表達信心，認為你將因為經歷那段困難時期而能夠學習和進步，使你因此擁有了智慧，未來能藉此去幫助自己和別人。

也許你確信自己不會因為犯錯而耿耿於懷，走不出陰霾。這位善良的道德人物會提醒你，說你不妨去感受痛苦和內疚，從中汲取教訓，然後釋放傷痛。如果你在幼年時便讓羞恥感留下印記，也許他會告訴你，寬恕的過程可能會更加困難，或許需要多點時間、慈悲心和耐心。你可以想像這位充滿愛意的人物在擁抱你，或者將一隻手搭在你的肩膀上，讓你感到安心。

在反思這次境遇時，請多做幾次呼吸並追蹤身體和情緒。看著你自己心平氣和、抱持希望，勇敢向前邁進。

（2）寬恕自己

臨床心理學家考夫曼在其 1996 年出版的著作中寫道：「每一個錯誤都有相應的懲罰和法定時效（statute of limitation）。」

問問自己：「我受的苦夠多了嗎？太少還是太多？」你還可以問：「有沒有什麼東西能幫助我彌補過錯，就是可以幫我彌補傷害的有效方法？」請稍微思考一下這個問題，我們很快就會回來討論這一點，然後再進行以下的反思。

作法

　　找個安靜的地方，以舒服的姿勢進行沉思冥想。你要用呼吸讓自己平靜下來，大聲說道或對自己說：「**無論我是有意或無意傷害自己或別人，我都要寬恕自己。**」讓這個意圖穩定下來，然後追蹤身體內有什麼感覺。一旦發覺你的過錯浮現，請抱持善意重複說道：「我要原諒自己。」然後追蹤身體的感覺和情緒。

　　有些人發現，寫下過去犯下的錯誤、他們做過或沒做過的事情、他們對此的想法和感受，以及這對他們的生活有何影響，對他們來說很有幫助。因此，請每天記錄 15 ～ 30 分鐘，持續 3 ～ 4 天。最後寫下你的意圖做結尾：「我現在要放下內疚並寬恕自己，這樣才能過上更美滿的生活。」

　　請記住，**這項練習旨在幫助你找出傷痛、適當感受內疚和悲傷，以及從經驗中學習和成長，然後擺脫內疚的感覺。**這要在你慈愛的父母或最好的朋友以慈悲心來陪伴你一起完成，請不要感到羞恥，否則根本不會有效果。

（3）寬恕父母或照顧者

　　多米尼克工作遇到麻煩時，會與老闆和同事發生爭執，他回到家又會對伴侶和孩子發怒並咒罵他們。由於事情變得很糟糕，他便尋求治療，希望能讓自己不要那麼容易發怒。多米尼克在成長的過程中，他的父親經常罵他，在情緒上虐待他。當他了解何謂寬恕之後，他走近父親，說道：「我想告訴你，你以前沒有善待我，但我原諒你。」他的父親眼中噙滿淚水，感到很尷尬，然後以僵硬的姿勢擁抱了多米尼克。父子關係沒有改變，但多米尼克卻改變了。他不再隨便生氣，因此改善了他在職場和家庭的人際關係。

　　另外，我曾在「匿名出版社」（Anonymous Press）於 1992 年出版的書籍中，看到一位匿名戒酒會（Alcoholics Anonymous）成員寫道，從傷痛中康復的人會發現，那些「傷害我們的人可能在精神

上生病了……，我們祈求上帝的幫助，我們向他們展示我們樂意給予生病的朋友同樣的寬容、憐憫和耐心。當有人冒犯我們時，我們要對自己說：『這個人有病。我該如何幫助他？神讓我不會隨意發怒。願祢的旨意得成。』」。

作法

① 找一個安靜舒適的地方，準備冥想或書寫。

② 坐下來讓自己心平氣和。稍微思考一下父母或照顧者對你造成的傷痛。核心傷痛是你感覺沒有人愛，你是毫無價值的。此外，想一下你感受的悲傷、恐懼、羞恥或憤怒。看著你父母或照顧者坐在遠處，留意他們臉部、身體、言語或手勢所展現出來的疼痛。那個人是如何帶著痛苦的？那種痛苦從何而來？把那個成年人想像成一位曾經受傷的無辜孩子，看到那個人被光和愛包圍。現在想像一下那個成年人：

* 為什麼他（或她）會那樣做？有什麼事情困擾著他？他受到怎樣的傷害？他封閉了內心，這是多麼可悲啊！什麼事情讓他悶悶不樂？

* 回到他的童年。如果你不清楚他的童年時光，想像一下是什麼原因讓他變成今天的模樣。

* 想像他傷害你，不是針對你個人。他這樣做表示他有痛苦，跟你的價值毫無關係。

* 想像你問他：「你為什麼那樣對待我？」看看會發生什麼。那個人快樂嗎？還是他感到傷痛和苦澀？

③ 想一想：你歷經艱難，是否有什麼收穫？你有沒有因此變得更強大或更聰明？例如：你是否下定決心要善待別人，試圖理解別人承受的痛苦？你是否發現自己很堅強才能生存下來？你是否從父母的優缺點汲取了教訓？你是否因為自己表現得比父母或照顧者更好而讚賞自己？

④ 盡你所能，默默或大聲對自己說：「無論你有意或無意傷害了我，我都原諒你。」

⑤ 對於每一種浮現的冒犯行徑，都要用一顆柔軟的心重複一遍：「我原諒你。」

⑥ 放鬆你的身體。呼氣、釋放、再放鬆。結束後，繼續追蹤呼吸和身體的感覺。

（4）尋求他人的寬恕

人會對某些東西成癮，通常是因為內心傷痛尚未被化解。正在復原的人經常會發現，他們對傷痛的反應會傷害到別人，因此需要他們傷害過的人給予寬恕。

在一次化解成癮的集會上，我們討論了如何向我們傷害過的人尋求寬恕，而且這樣做通常能幫助冒犯者和被冒犯的人。其中一位成員安娜瑪麗對此感到不解，問道：「我父母傷害了我，我為什麼要尋求他們的原諒？」問得好。如果那些傷害我們的人會請求我們的寬恕，那當然是最好的。原諒真心承認自己錯誤並請求寬恕的人，那有多麼容易。然而，傷害我們的人當時人格並不完整，否則他們不會如此失控。他們到現在可能人格還不夠完整，根本不會請求你的原諒。那麼，為什麼你要請求那些傷害你的人寬恕你呢？

因為，尋求他人寬恕可以達成 2 件事。首先，它會清理你的心緒。請不要找藉口，要對自己的不完美行為負責，並且竭盡所能去彌補你所造成的傷害（有時候，你只能真誠道歉和努力改進。或者你可以努力去好好生活、為他人服務、做一件有價值的事，或者捐款去資助某項志業）。其次，當你在尋求別人寬恕時，有時能軟化對方的心，使他們不再對你感到不滿。

嘗試去彌補你所做的事情，同時幫助別人療癒內心，這是你自我療癒的關鍵步驟。當你尋求寬恕時，有時你和對方的 2 顆心就都會癒合了。當安娜瑪麗向父母尋求原諒，說她當年不該如此憤怒和叛

逆，她的父母也因此軟化，並且向她道歉，說他們沒有善盡雙親的責任，對她感到很歉疚。話雖如此，你也得注意，有些人可能不接受你的道歉，或者不知道該如何做出適當的回應。

作法

① **想一下你曾經如何傷害別人。不要去找藉口。** 如果不必顧慮人身安全，不妨和被你冒犯的人碰面，誠心承認你做了什麼或沒做什麼。你可以簡單告訴對方：「我傷害了你。我錯了。對不起。」說這話時，請不要為你的行為辯護，或者中傷別人來脫罪，而是要誠心誠意地說出口，並接受結果。

② 如果跟對方碰面有安全之虞或者他已經失聯，不妨寫信道歉；至於信要不要寄出去，選擇權在你。

混合式寬恕冥想

有些人發現，重複一次治療大師莎朗‧薩爾茨貝格（Sharon Salzberg）於 1995 年提出或建議的 4 個意圖會非常療癒。你可以跟本書的其他練習一樣，一次同時閱讀這些說明並加以應用，也可以請別人讀給你聽，或者事先自己錄製，然後再播放聆聽，跟著聲音的指引進行。

作法

舒服坐著，如果可以的話，請閉上眼睛，然後用腹部呼吸，使你的心安定下來。花點時間反思，不要著急，默默或大聲（隨你喜歡）重複下面的 4 個意圖。說出每項意圖以後都停頓一下，然後看看發生了什麼。

當不同的事件、人物或圖像出現時，只需根據情況重複：「我能感受寬恕嗎？」、「我要寬恕自己」、「我寬恕你」或「我請求你的寬恕」。

① 對於我所做或未做的一切，無論是有意或無意，我都傷害了別人或自己，願我感受到寬恕（對於浮現的每一項錯誤，重複一遍：「願我感受到寬恕。」）。

② 對於我所做或未做的一切，無論是有意或無意，我都傷害了別人或自己，我要寬恕自己（對於浮現的每一項錯誤，重複一遍：「我要寬恕自己。」）。

③ 如果有人有意或無意傷害了我，我要寬恕他們（對於浮現的每一項錯誤，重複一遍：「我原諒你。」）。

④ 如果我曾經有意或無意傷害別人，我要尋求他們的寬恕（對於浮現的每一項錯誤，重複一遍：「我尋求你的寬恕。」）。

　　西元 17 世紀的法國作家法蘭索瓦・德・拉・羅希福可（François de La Rochefoucauld）說：「我們要一直寬恕，直到我們能夠去愛。」

　　我們寬恕是因為我們愛自己和他人，也因為我們希望自己和他人能夠享受內心的平靜。研究指出，你可能會發現寬恕以後，感覺自尊提升了、更加幸福、心理健康更好、情緒困擾更少，甚至連創傷後壓力症候群的症狀都會減輕且出現頻率更少。然而，要寬恕嚴重的冒犯行為是很困難的，所以你要慢慢來，這是一種過程，通常不會很快完成或一次到位。你要有耐心，帶著極大的慈悲心不斷練習如何去寬恕。

追蹤你的練習結果

請練習與寬恕 4 階段相關的每項練習：感受寬恕、寬恕你自己、寬恕別人和尋求寬恕。不過，在進入下一階段之前，請先練習與每個階段相關的技巧，連續練習 3 天。然後每天練習混合式寬恕冥想，也要練習 3 天，並在附錄 A 的「修復練習紀錄表」中記錄你做這些活動的感受和想法。

第 26 章

餵養靈魂

1901年，美國思想家拉爾夫・愛默生（Ralph W. Emerson）說過：「世界上唯一有價值的，就是活躍的靈魂……，每個（人）都有靈魂……然而幾乎所有……都受阻，而且尚未誕生。」

閉上眼睛，看看你想到自己的靈魂時，會出現什麼。停下來反思，然後寫下你的感受。

_____

_____

_____

_____

_____

_____

對許多人來說，靈魂是我們的最深處，也就是我們存在的本質、我們是誰的核心。對於靈魂的見解，你或許可能聽過類似的話：

- 靈魂能體驗最深沉且發自內心的情緒：平靜、愛、喜悅和希望，並以此回應美與善。靈魂敬畏壯麗的大自然，一旦目睹或接受善舉就會感動落淚、看見甜美純真的孩子就會融化。
- 靈魂會因為勇氣或正派行徑而受到啟發。
- 靈魂是直覺的，經常藉由感覺而非邏輯，將我們引向別人、前往某地、做出行動或下結論。

- 靈魂是我們的價值所在，它比我們不完美的行為、不完美的身體或他人的不善對待更為深厚。
- 靈魂能感知我們的潛力和能力，促使我們奮發向上，讓我們突破目前的限制。
- 靈魂韌性十足；即使我們無法改變逆境，我們的內心也會戰勝一切。
- 靈魂擁有良心，而良心能分辨善惡，讓我們變得更好。
- 靈魂是我們最純潔的部分，我們會對它感到最貼心舒服。開悟的靈魂就像花朵，會尋求光明，遠離邪惡。反之一旦墮入罪惡，就不會幸福，然後與自己、他人和神性疏遠。
- 靈魂會感覺我們不只有身軀，內在還有堅忍不拔的東西。
- 靈魂渴望愛和被愛，靈魂渴望與比我們更大更好的事物（神靈）建立深度聯繫。靈魂也渴望與我們最高的自我相連，也樂意和別人最深層的善相連。
- 靈魂會夢想和創造。
- 如果我們向愛敞開心扉，靈魂就會從我們的生活經驗中汲取智慧。

　　美國靈性作家麥可‧辛格在 2007 年出版的《覺醒的你》（*The Untethered Soul*）一書中提醒我們，靈魂與發生在我們身上的事情相比，不僅更為深厚且不受任何事物影響。雖然靈魂是會觀察的意識，但它與我們的思想、情緒或身體是分開的。因此「我不夠好」只是一種想法，只是一種被你感知和體驗的東西。**即使生活會刺痛我們，我們的核心仍然完好無缺，能夠療癒和成長。**

　　我們正處於西方史上的動盪時期：大家都在追求靈性，卻越來越少人信教。然而研究已指出，追求靈性（spirituality）和信仰宗教（religion）都能迎來光明面。現在，讓我們來認識一下兩者的差別。

「靈性」與「宗教」的差別

所謂靈性，就是追求生命的意義和神聖之物。靈性通常表示要連接到更廣大的東西，那是超越自我和物質宇宙的事物。

美國精神病學家喬治‧範蘭（George Vaillant）曾指導哈佛成人發展研究（Harvard Study of Adult Development，亦即格蘭特研究〔The Grant Study〕）的長期研究，他指出靈性是關於「心靈的語言」，是一種「正向情緒的混合體，將我們與其他人聯繫在一起，以及讓我們體驗『上帝』……愛、希望、喜悅、寬恕、慈悲、信仰、敬畏和感激是精神上重要的正向情緒」……，而愛是「靈性最簡短的定義」。

範蘭說道，愛和靈性都會產生「尊重、欣賞、接受、同情、同理心、慈悲、涉入感、溫柔……感恩」、連結、敬畏和對美的認知。他最後指出，「放眼全世界的文化，依賴比人更強大力量的現象非常普遍」。

至於宗教，泛指培養靈性的實踐和信仰。在科學研究中，宗教信仰通常透過參與或實踐來衡量，例如：參加敬拜儀式、禱告、閱讀聖典、努力過符合道德標準和追求慈善的生活；以及俱備在逆境中能提供慰藉的信仰，例如：相信神掌控一切，祂是寬容的並在我們面臨考驗時樂於伸出援手。

靈性的科學研究

美國杜克大學精神病學家哈羅德‧柯尼格（Harold Koenig）一直是精神和宗教研究的先鋒。根據他的說法，在數百項研究之中，多數研究都證明宗教／靈性與幸福之間有積極正面的關係。

研究指出，有宗教信仰或比較屬靈的人通常更加快樂、更有韌性、身心更健康，並且更能原諒自己和別人，同時，這些人還有更強的自尊心。例如：一項針對近 2000 名澳洲青少年的研究發現，與

無神論者和不可知論者相比，相信上帝的人有更強的自尊和感到更為幸福。另外，哈佛大學的一項大型前瞻性研究發現，與不參與宗教活動的人相比，參與宗教活動的青少年（每天祈禱或冥想，或者每週參加宗教儀式的人）具有更好的情緒健康和復原力。

在成年人之中，那些在精神健康方面（包括信仰上帝）得分較高的人在自尊心、絕望和物質使用（substance use）方面有更好的表現。而在另一項研究中，宗教因應（religious coping，仁慈的宗教重新評價、合作的宗教因應和尋求精神支持）都讓人具有更強的自尊心，而認為上帝會懲罰世人的被研究者則表現出較差的「心理適應」（psychological adjustment），也比較憂鬱以及更容易出現焦慮和感受壓力。

除此之外，在接受嚴重創傷後壓力症候群治療的退伍軍人之中，開始治療前在靈性適應層面得分較高的人比「適應性靈性」（adaptive spirituality）分數較低的人其對治療的反應更好。至於適應性靈性的定義，如下：

- 會私下修行，例如：定期祈禱和冥想。
- 上教堂或參加其他正式的宗教團體。
- 每天都有屬靈體驗，例如：感受到與神的同在或關愛，透過信仰或靈性而找到慰藉，並且因為受到祝福而心存感激。
- 寬恕自己和他人，感受神（或更高力量）的寬恕。
- 運用積極的宗教因應，比如向神尋求力量或與神一起解決問題等。

雖然統計數據顯示出模式，但不一定能指出造成這些模式的原因。因此，推測其根本原因非常有趣。因此，學者克蘭西 · 麥肯齊和萊特在 1996 年的相關研究中觀察到一點，亦即神是最安全的愛戀對象。

綜觀世界上的多數宗教，諸如靈魂的價值無限、神的愛無窮且

能療癒人心、慈悲和寬恕之類的主題，可以緩解依附破壞和安慰受傷的靈魂。精神病學家哈羅德‧柯尼格亦指出，宗教會讓人感到內疚，但宗教也提供了消除內疚和重新開始的途徑。**多數的宗教和靈性取向都鼓勵人要對自己的行為承擔責任，而這往往能使人內心更為平靜。**然而，這並不是說追求靈性或有宗教信仰的人不會受苦，這只表示他們會尋求某些資源去幫助他們度過逆境。

柯尼格於 2012 年回顧了許多關於宗教和靈性的研究之後得出結論：總體而言，宗教和靈性並不是靈丹妙藥，但通常能讓人感到更幸福、能夠更善於應付壓力和擁有更好的心理健康，包括自尊心更強、更為快樂、更加樂觀、找到人生的意義和目的、擁抱利他主義和婚姻穩定，甚至能夠比較不憂鬱、不會焦慮或想輕生以及濫用藥物和酗酒。不過，研究中也提出了一些警告，宗教會在以下的情況下對情緒健康產生負面影響：

- 看到神就不愉快，可能認為神會懲罰世人、不愛人類或根本不回應人的請求，從而得出結論，認為人無關緊要，所以無法從神汲取精神資源。請注意，一旦與父母有依附中斷，就容易會對神抱有負面看法。了解這點之後，我們在培養靈性時就要保持耐心和富有慈悲心。
- 人追求靈性時有時會反其道而行。持有信仰（而不是熱愛信仰）會破壞內心平靜，讓人無法獲得精神上的慰藉。一旦不確定能否獲得屬靈慰藉也可能令人感到不安。例如：不可知論者不如無神論者快樂，無神論者不如有信仰者快樂。

滋養靈魂：精神治療心像

對許多人來說，滋養靈魂與滋養身體同樣重要。匿名戒酒會指出，人必須找到生活的精神基礎，否則將會對物質成癮（或分心〔distraction〕），從中尋求平靜和慰藉。然而，那種平靜和舒適是短暫的，而不是我們所要的永久幸福。本章的其餘段落將告訴各位

滋養靈魂的方法，首先就從這個「精神治療心像」（spiritual healing imagery）開始。你可以跟本書的其他練習一樣，一次同時閱讀這些說明並加以應用，也可以請別人讀給你聽，或者事先自己錄製，然後再播放聆聽，跟著聲音的指引進行。

作法

① 以冥想的姿勢舒服坐著。持續呼吸，放鬆自己。

② 留意你是否有任何揮之不去的情緒不適……（停頓。）如果是這樣，是身體的哪個部位感到這種不適？……（停頓。）

③ **賦予這種不適一個大小、一種形狀和一種顏色。**換句話說，要留意這種不適的邊界，然後注意它的顏色。

④ 現在把這種不適從你的身體上推開。你要看到它在你面前形成了一道屏障。留意屏障的大小、形狀、顏色和邊界。

⑤ 現在，想像你繞著那個屏障行走。**當你到達另一邊時，你會看到一個充滿愛意的身影：那個物體善良、熱情且歡迎你。**他可能是神或一種更高的力量，甚至是真實人物或你幻想的精神人物。

⑥ **看著你自己慢慢走向那個善良且充滿愛的人物。**當你這樣做時，你會感受到從他身上散發的關愛和同情，並且這種感覺逐漸滲透到你的身體。你張開雙臂擁抱那個身影，感覺自己被那個充滿愛意的人物擁抱，你感到內心平靜……、舒適……、安全。

⑦ 帶著這些感覺安靜坐一會兒。

對靈魂的反思

以下的名人語錄，可以幫助各位反思靈魂的本質，究竟為何：

「你能用你所知的科學告訴我光是如何進入靈魂的嗎？」——
——法國思想家／亨利・大衛・梭羅（Henry David Thoreau）

「科技無法取代古老的精神價值觀，這些價值觀才是真正讓世界文明得以進步。」——達賴喇嘛

「沒有宗教的科學是跛腳的；沒有科學的宗教是盲目的。」——
——阿爾伯特·愛因斯坦（Albert Einstein）

「所有的靈魂都有愛的能力。」———亞維拉的德蘭／聖女德肋撒（Saint Teresa of Ávila）

「玫瑰的絢麗和百合的潔白並未奪走小紫羅蘭的芬芳，也沒有奪走雛菊的魅力……，在上帝的眼中，我們的靈魂就像繁花盛開的花園。」———里修的德蘭／聖女小德蘭（Saint Thérèse of Lisieux）

「上帝的旨意永遠不會把你帶到祂的恩典不能護佑你的地方。」———美國浸信會牧師／麥可·卡特（Michael Catt）

「為了能夠迎來神的平安、喜樂和愛，我們必須自己擁有它，因為我們無法給予我們沒有的東西。因此我們要花時間與上帝同在，仰望祂，向祂敞開心扉，清空我們心中所有不屬於祂的事物。」——
——德蕾莎修女

「上帝在我們內心沉默時說話，而我們就要去傾聽。」——德蕾莎修女

「我們的創造者永遠不變，即便這裡和世界各地的人們給祂取了名字。就算我們沒有給祂取名字，祂仍然會住在我們裡面，等待在這個塵世護佑我們。」———美國教育家／喬治·華盛頓·卡弗（George Washington Carver）

「拉文斯布呂克集中營（Ravensbrück concentration camp）的生活有兩個層面，兩者根本不相融。一是可看到的外在生活，一天比一天可怕。另一個是我們與上帝同在的生活，一天比一天好，真理上加真理，榮耀上加榮耀。」———納粹屠殺倖存者／柯麗·特恩·鮑姆（Corrie ten Boom）

「我未曾見過創造者，但是我看到的一切，都讓我相信祂的存在。」———拉爾夫·愛默生

「最深厚的慰藉來自人與神的關係。」———第一位奪得大滿

貫男單冠軍的美國黑人網球選手／亞瑟・艾許（Arthur Ashe）

「平靜不是免於與人衝突或陷入麻煩，而是要確保我們在上帝的面前能夠保有好名聲。」——美國作家／丹尼爾・凱利・奧頓（D. Kelly Ogden）

另外，有些人會寫下他們的想法和感受來好好反思。以下問題能幫助你思考在痛苦時，可以尋求哪些靈性資源來激勵自己。

透過書寫來反思靈性問題

思考以下的問題，並寫下你的想法：

1. 你要從何處尋求慰藉、追求人生的意義或振奮自己？

_____

_____

_____

_____

2. 有沒有能滋養你靈魂的靈性方法或宗教信仰？有些人會去冥想、閱讀聖典、祈禱、加入宗教社群、接觸大自然、敬拜、參加治療儀式，以及花點時間感受上帝的存在等。

_____

_____

_____

_____

3. 美國靈性作家麥可‧辛格指出：「人能給上帝的最大禮物就是對祂的創造感到滿意。」你是神的創造物，或是具有相同價值的同路人，你如何能因為「做自己」而感受到更多的快樂？

_____

_____

_____

_____

_____

_____

4. 我們的靈性經常被父母與我們互動的方式所影響。你是否有受到父母或照顧者的影響，從而改變你的想法，因此無法從屬靈／宗教信仰中獲得安慰？例如：你可能會想「上帝很壞，就跟我的父母一樣。沒有人真正關心我。我犯了錯，絕對不能原諒或忘記。我必須是完美的。」如果你去質疑這種想法，會發生什麼事？

_____

_____

_____

_____

_____

_____

_____

　　雖說人經歷了逆境，經常就能提升靈性，然而，有時毒性壓力會麻痺人的感情，包括對靈性的敏感度。如果你礙於童年創傷而無法感受情緒，請務必振作起來。你可以獲得療癒！一旦你踏上療癒的道路，可能會發現自己的心會向溫柔的靈性體驗敞開。

　　然而，與本書中的其他技巧一樣，追求更高的靈性通常要循序漸進。當你要找出什麼最能滋養自己的靈魂時，要多花點時間、保持耐性和懷有慈悲心，千萬不要操之過急。

第 27 章
把快樂融入生活的 7 種方法

人難免會遇到困境，但最重要的，是學習如何去享受生活。

回想一下，熟練的依附形象不僅能教會孩子保持冷靜，還會要他們快樂，去玩耍和享受生活。如果沒有照顧者幫助過你，鼓勵你微笑、大笑以及和你一起玩耍來享受生活，並在簡單樂趣中找到快樂，你可以在此重新當一次自己的父母，盡情享受快樂。

將快樂融入生活有助於我們克服逆境，減少釋放皮質醇、改善情緒並預防憂鬱。對於那些逐漸擺脫物質使用問題的患者，只要每天花 4 分鐘進行「幸福感練習」便有助於他們順利復原。

快樂和幸福密切相關，不妨把幸福想像成長期體驗正向情緒，好比快樂和滿足，再加上認定你本人有價值和生活是美好的感覺。無論在任何文化，自尊和幸福都是密切相關的。

你可能會帶著一絲倖存者的自豪，認為自己正走出童年逆境的傷痛且逐漸復原中。然而，即便你已經學習了許多治療技巧和方法，但都是在修復階段，現在，是時候轉而學習追求快樂和幸福的技巧；你先前專注於擺脫童年創傷經驗，或許沒有學到這些技巧。

「打造快樂的童年」永遠不嫌晚；這也就表示，你將逐漸獲得療癒，從而擁有越來越快樂的生活。

最後，快樂技巧跟其他技巧一樣，需要時常去練習它們，才能從中獲得的好處並逐漸累積，享受快樂。本章將邀請各位去享受快樂，我們將探索 7 種創造快樂的簡單方法。記得，每一種技巧都要練習哦！

（1）記住美好時光

① 以下是能喚起愉快回憶的快樂提示詞或短語：**喜悅、平靜、滿足、安寧、愛、感恩、喜悅、溫柔、娛樂、好奇、自信、驚奇、相信自己內心的良善、對自己所做的事情感到自豪。**

② 挑一個提示詞或短語，並且花 60 秒去詳細回憶與它有關的記憶。回想一個特定的時間和地點，以及一段不超過一天的回憶。

③ 當你回憶起這個愉快時刻時，請追蹤身體內的感覺和情緒。

④ 再選 2 個或 3 個以上的提示詞或短語，重複這個練習。

（2）重溫快樂時光

收集幾張照片，捕捉生活的快樂時光，或者在手機上欣賞 1 ～ 2 張相片，同時對每一張照片寫下當時發生的事情。當你寫完之後，花 1 ～ 2 分鐘的時間去享受這一刻。

（3）懷著感恩的心品嚐日子

在一天結束時，寫下你當天曾經留意並欣賞的兩次正面經歷。簡短描述發生的事情、你當時的想法和感受，包括你的情緒和身體的感覺。那次經歷對你來說有什麼特別之處？

（4）探索你最喜歡的動作記憶

這個練習，改編自心理治療師奧格登和費舍爾於 2015 年所提出的方法：

① 回想一下你過去最感到愉快的身體動作。也許這些是童年或更近期的回憶，例如你可能會想到：玩遊戲、歡樂、大笑、做愚蠢的事或享受快樂。（我最喜歡的是兒時和朋友一起玩遊戲，好比踢罐子和玩紅綠燈）。

② 選擇 2 個最喜歡的動作記憶。

③ 用文字描述或想像它們。回憶景象、感覺、情緒和想法。

④ 當你完成以後，追蹤你身體內的感覺、情緒以及你對自己、別人和世界的想法。

（5）回想人生成就和內在資源

這個練習，改編自學者福斯（J. D. Fouts）於 1990 年所提出的方法：

① 列出你所有的人生成就，大小不拘。不要忘記列出你年幼時的成就，例如：起床、離開父母去上學、努力讀書、學會騎腳踏車、表現善意或寬容難以相處的家人。列出你認為特別困難或你獲得外界認可的事情。

② 開始檢查每一項成就並列出獲得那些成就所需的特質（內在資源）。下表列出可供參考的特質選項。請不要自我限制，只要適合自身情況，亦可在空白處加上其他的特質。

● 特質列表 ●

藝術才能	抱負	創造力
平衡感	好奇心	社交技巧
協調感	勇於冒險	溝通技巧
記憶力	勇氣	同情心
智力	決心	承諾
慈悲	自律	責任感
幽默感	可靠	忠誠
談判技巧	良好的職業道德	希望
自信	想像力	直覺

觀察力	獨立	領導才能
合作或團隊合作	尊重	正直
良好的判斷	毅力	沉著冷靜或耐心
靈活	復原力	熱情
其他		

以下是範例，指出你能列出的成就和特質：

成就	特質
離開父母去上幼稚園	獨立、勇氣
學會騎腳踏車	勇氣、記憶力、平衡感、協調感
國小二年級時學會跳舞	社交技巧、勇氣、記憶力、平衡感、協調感

請使用以下空白表格來列出你的成就和特質：

成就	特質

③ 你會發現，這份清單反覆出現某些特質。當每次提到某項特質時，請在「特質列表」中的該特質旁邊打勾。有最多勾的就是你用得最多以及你最擅長的特質。當面臨困難時，這些特質便是你最有效的工具，它們代表你最棒的內在資源。

④ 你可能會發現某些特質沒有很多（或任何）勾選標記。這些可能是你所欠缺或需要改善的特質。不妨在「特質列表」中圈出你希望快樂地逐漸培養的特質。別忘了，**當你選擇要改進的特質時，不是在批評或侮辱你自己，而是代表你想成長茁壯。**只要讓你的生活變得更好，作出任何選擇都是好事，這就是人格健全且有自尊心的人所做的。相反地，選擇被動停滯就是放棄自己，繼續讓你沉浸於過去的經驗而痛苦。

（6）期待快樂

列出你打算明天想做、會讓你感到快樂的人事物；無論大小都可以，好比：微笑、找朋友、做有趣的事、親近大自然、想用美食或飲料、騎腳踏車、自願帶孩子出去吃冰淇淋、以和善的方式自言自語、把房間裝飾得很美等。

選擇 2～3 個進行，想像一下你明天體驗這些事物的時候，情緒和身體會有什麼感受。

（7）規劃能使你快樂的活動

列出你曾經想取樂而做的事情，而這些事情可能仍然會讓你感到愉快。擬定計畫，在下個月時，每週都要做一件這種事情。

由於感官和記憶之間會有所聯繫，當你做每一件讓你感到愉快的事情時，要特別留意你看到、聽到、聞到、嚐到或皮膚感覺到的東西。這不僅會增添樂趣，同時還可讓你累積許多愉快的回憶。同樣地，做完每件事情以後，請追蹤情緒和身體內的感受。

追蹤你的練習結果

完成這 7 種創造快樂的練習之後，選出你喜歡的練習。接著，針對每項去練習 3 天或更長的時間，藉此強化相關技巧並連接與快樂相關的新神經迴路。同樣地，別忘了在附錄 A 的「修復練習紀錄表」或以下空白處，寫下完成這些活動之後的體驗與感受。

_____

_____

_____

_____

_____

_____

_____

_____

_____

_____

第28章
創造嶄新與光明的未來

古羅馬共和晚期的哲學家馬庫斯·圖利烏斯·西塞羅（Marcus Tullius Cicero）曾說：「只要活著，就有希望。」（Where there is life, there is hope.）你以前那樣過活，不一定日後也得那樣活著。雖然你受到童年創傷經驗的打擊和傷害，但你的核心自我是完整的、你的神經系統有可塑性，因此你能以正面的方式重新連接大腦。

各位讀者可能已經發現，當你持續實作本書的練習時會出現這種增長情況；你要繼續前進，創造自己想要的未來。如果你的照顧者反覆出現有害的「代間模式」（intergenerational pattern），你可以成為過渡人物來改變這些模式。也就是說，你可以成為越來越快樂和有韌性的人，如此就能平衡你的過去、現在和未來；你可以越來越與過去的你和平相處，治癒舊的傷痛、重新連接大腦、接受寬恕，並且從過去的經歷汲取教訓，同時愉快地回憶過往的美好時光。

療癒，是一種持續的過程。 有趣的是，當你治療舊傷痛時，麻木的情緒就會開始解凍，讓你恢復感受和記憶喜悅以及其他正向情緒的能力。你可以為未來擬訂一條愉快的路線，但不必死守這個計畫。當你冷不防陷入困境時，保持靈活可以讓你不會憤怒和失望。與過去的你和平相處，替未來指明方向，就可以自由自在地活在當下。

本章將探索3種練習，幫助各位創造嶄新和光明的未來。這些練習的靈感源自於心理治療大師帕特·奧格登和弗朗辛·夏皮洛。每次練習一種就好，然後再繼續練習你認為最有效的，藉此強化大腦的新連線。

穿越未來的心像

雖然這麼做看起來有些奇怪，但還是要請你「幻想」自己的身體走進未來：

① 想像你走在未來的時刻；你很放鬆，也很沉著。

② 當你走路時，你的腳輕柔且優雅地落地。你的關節很鬆，手臂自由擺動，節奏十分流暢。你的脊椎挺直；你抬起頭來，昂首走路。你精力充沛，能夠清楚感應周圍的一切，你能留意所有讓你感到愉快的事物和一切必須小心對待的事物。你感覺自己很堅強和充滿自信。

③ 你身而為人，深信自己很有價值，也知道自己和其他人是平等的。你的步伐矯健有力。生命美好無比、生活有無限可能，你為此深深感激。

④ 下次你在戶外散步時，不妨放鬆一下。呼吸，試著以這樣的漫步並追蹤身體發生了什麼變化。

而以下的練習是受美國心理治療師帕特·奧格登和美國心理學家弗朗辛·夏皮洛的啟發，它能幫你中斷舊有負面模式並創建全新的神經迴路。例如：你可以透過心像去演練新模式，藉此成為負責任、有愛心的父母、伴侶或朋友。此外，也可以考慮運用這個練習，來提高工作績效或讓自己玩得更開心。

創建全新模式

找到一個舒服的姿勢，緩緩呼吸來安定思緒，然後回答一下的問題。

1. 描述一個你想改變的模式。例如：「我在社交場合會焦慮。」

_____

_____

_____

---

2. 找出助長這種模式的心像、情緒、感覺和想法。例如：「我看到爸爸那張對我頗有微詞的臉。我感到害怕。我認為別人不會喜歡我。我的肌肉緊繃，肩膀很緊。」

_____

_____

_____

_____

_____

3. 你用要正念冥想，以此回應。你平靜、自信且和善地唸出那些想法、情緒、感覺和心像。例如：你可以告訴自己「恐懼只是一種感覺，不是我的核心自我。感覺會來來去去。無論我覺得什麼都好，讓我感受一下。」請寫下你的正念反應。

_____

_____

_____

_____

_____

4 簡短描述你想要的感受。例如：「我想感到平靜和充滿自信。」

_____

_____

_____

_____

_____

_____

5. 確定你想如何回應。將意識引導到新的心像、情緒、感覺和想法上。例如：「我平和接受自己的恐懼。我很平靜、放鬆、優雅、自信且熱情。我的表情愉快。我帶著好奇心去聆聽他人並留意到他們友善的表情。我認為稍微感到不自在是完全可以接受的。人就是這樣。」

_____

_____

_____

_____

_____

6. 你要用正念冥想，加以演練。看未來的你用這種心像、感覺、情緒和想法的新模式來因應問題。你可以調整姿勢來適應你新得到的自信心，也可以提醒自己：「這是一種學習的過程。要一步一步慢慢來。我以善意看待這個不完美的時刻並享受它。」只要有任何想法，就把它寫下來。

_____

_____

_____

_____

7. 請用新的感覺、情緒和想法至少再練習 2 次這個未來的心像。你要確定心像有開頭、中間和結尾。然後追蹤身體內的感覺和情緒，看看它們是否發生了變化，同時，把這些變化寫下來。

_____

_____

_____

_____

_____

至於第 2 個練習是要鼓勵你掌握正向的依附關係，並以此往前
邁進，以及從這些關係中獲得慰藉。

與能提供你資源的人同在

1. 回想你曾經擁有的正向關係。你會想到誰？

   _____

   _____

   _____

2. 你能想到有人使你感到安全、認為自己有保障、被人愛、被保護、被欣
   賞或很重要的時候嗎？描述那些讓你有這種感覺的時刻和人物。描述這
   些人的面孔。 你可能會像步驟 1 那樣，想到同一批人。

   _____

   _____

   _____

   _____

   _____

3. 從你在步驟 1 或步驟 2 想到的人之中挑選出一位。想像那個人和你一起
   待在房間。描述你看到的景象，以及你的情緒、身體的反應和想法。這
   個人灌輸你的核心思想是否對你產生了正面的影響？例如：「我有價值；
   我討人喜愛；我很安全並受到保護。」

   _____

   _____

   _____

   _____

---

4. 如果你未來遇到困難而感到身體失調時，你知道可以想像那個與你親近
   的人是你可以仰賴的資源。在困難時期記得這個人與你同在會是什麼樣
   的感覺？

   _____

   _____

   _____

   _____

   _____

追蹤你的練習結果

在嘗試了這些練習之後，不妨選出你最喜歡的練習，然後花幾天或更長時
間再去練習它們。同樣地，也請在附錄 A 的「修復練習紀錄」或以下空白
處，寫下做完這些練習之後的感受與想法。

_____

_____

_____

_____

_____

_____

_____

_____

別讓曾經受過得傷，
定義了你的個人價值

　　成長是一個過程，隨著你繼續復原和發展，你將逐漸感到安全並認識你自己。你會因為自己面對挑戰卻倖存下來而感到自豪，同時了解你和別人一樣，都是有價值的。

　　你會感覺這一切變得很真實：無論和誰在一起、在做什麼，或者感受如何，你都不會改變，依舊是同一個人，你會珍惜和善待自己。當你知道自己的優點並逐漸建立自身優勢時，你會坦誠面對自己的缺點。你更會抱持樂觀和愉快的心情，持續展望未來。

　　希望這本書能告訴你各項原則和技巧，幫助各位療癒幼年生活的逆境與壓力所造成的創傷，並重新建立安全的自我意識。

　　也許，你已經發現自己改變了面對傷痛的方式：變得對自己和他人更有同情心。

　　在閱讀並實踐書中的練習之後，或許就能充分掌握了未來能持續運用的各項修復原則和技巧。然而，問題在於別忘了在書本閱畢闔上之後，仍要持續懂得運用它們。

　　最後，為了加強各位對於本書的概念和技巧，請重新翻閱整本書，寫下最想記住的想法和技巧；你可以透過「修復練習紀錄表」來辦到這一點。

　　而下面的練習可提醒你能使用哪些工具，尤其，是當你遇到困難時可以馬上運用的工具，只要翻閱這幾個重點，就能幫助你立刻擺脫令你窒礙難行的身心泥淖。

寫下你看完本書後的想法和技巧練習心得

■ 我想記住的想法

_____

_____

_____

_____

_____

_____

_____

_____

_____

_____

_____

_____

_____

_____

_____

_____

_____

_____

_____

■ 我想記住的技巧

_____

_____

_____

_____

_____

_____

_____

_____

_____

_____

_____

_____

_____

_____

_____

_____

> 　　最美麗的人是歷經失敗、苦難、掙扎和失落，最後從深淵中找到出路的人。
>
> 　　這些人慈悲溫柔和懷抱深切的愛，能夠欣賞、感知和理解生活。美麗的人需要訓練才能誕生，他們不會憑空出現。
>
> 　　　　　　　　　　　──美國美國精神科醫生
> 伊莉莎白・庫伯勒─羅絲（Elisabeth Kübler-Ross）

修復練習紀錄表

本紀錄表也可以從 http://www.newharbinger.com/46646 下載副本，或是影印多份，以便隨時做紀錄。

修復方法	日期	時間	評估有效性 （1～10）		感想＆想法
			身體的	情緒的	

修復方法	日期	時間	評估有效性 （1～10）		感想＆想法
			身體的	情緒的	

羞恥感症狀量表

所謂的羞恥感，就是對核心自我感覺很糟，既可以隱晦不明，也能明顯烙印在心裡。人會以各種方式表現羞恥感，有時甚至極端到令人震驚，而這與不安全型依附有許多共同點。以下的量表改編自瓊恩‧波利森科、布拉德肖（J. Bradshaw）、富勞爾和斯塔爾（S. Flowers and B. Stahl）、赫爾曼（J. L. Herman）、波特 - 埃夫隆和波特 - 埃夫隆（R. Potter-Efron and P. Potter-Efron）、艾倫‧肖爾，以及瑪麗貝斯‧威廉斯和波朱拉（S Poijula）等心理學家提出的理論。各位可前往下面的網址下載本量表的副本：http://www.newharbinger.com/46646。

測驗過程中，不要做出任何評判，先看看哪些項目的描述大致符合你的情況，然後在前面打勾就好。

■ 整體情緒狀態

____ 即使在相對安全的情況下也會感到害怕

____ 為人消極（批評自己和別人，對外在情況不滿；諷刺）

____ 易怒、憤怒、隨時保持警戒

____ 怨恨、嫉妒、想要擁有別人有但我卻沒有的東西

____ 聽到別人的批評或被人拒絕時非常敏感

____ 很容易不知所措

____ 悲傷、封閉內心、崩潰、被動、麻木、卡住

■ 身體訊號

____ 討厭別人盯著自己，會向下凝視目光、避免目光接觸。一遇到觸痛的話題就會避開視線

_____ 彎腰駝背：頭下垂、肩膀下垂、彎腰駝背、腰肌向內收縮，
整個人是彎曲的；或者恰好相反：身體僵硬、咄咄逼人、保
持高度警覺的姿勢（肩膀拱起來）

_____ 用手遮臉（「丟臉」）

_____ 扭扭捏捏

_____ 臉紅

_____ 抿嘴唇、嘴角下垂

_____ 舔嘴唇、咬舌頭

_____ 緊咬下巴

_____ 假笑、笑得很僵硬

_____ 眉頭深鎖

■ 身體變化

_____ 刺痛

_____ 發抖

_____ 顫動、顫抖

_____ 喉嚨乾燥

_____ 噁心

_____ 腸打結

_____ 喉嚨、胸部承受壓力或感到緊繃

_____ 腹瀉或便祕

_____ 有想要移動或崩潰的衝動

_____ 極端的壓力喚起，如：心跳加速、呼吸急促、血壓陡升，隨
著時間的推移，可能會轉變為心跳或呼吸緩慢、血壓很低、
無精打采、感覺自己快要死掉了

■ 說話的感覺

_____ 說話很小聲、喃喃自語

_____ 講話斷斷續續

_____ 話不多

_____ 說話結結巴巴

_____ 猶豫、會打斷自己

_____ 長時間停頓

_____ 思想混亂

_____ 說話聲音低沉、單調

■ 痛苦的感覺

_____ 自我厭惡、自我蔑視、自我討厭、感到自卑

_____ 覺得自己被玷污、不光彩、骯髒、不誠實、不受尊重

_____ 厭惡自己和自己的身體，也不喜歡和別人有親密的身體接觸

_____ 因為自己有缺點而內心痛苦或飽受折磨

_____ 缺乏自尊心

_____ 自我懷疑

_____ 認為自己很渺小、微不足道

_____ 感覺自己不夠好

_____ 感覺自己十分可笑、被暴露缺點、不如別人

_____ 感到羞辱，想要逃避別人的眼光或挖個洞鑽到地下

_____ 害怕別人發現自己不夠好；很在意別人的想法

_____ 害怕被人拋棄或拒絕

_____ 害怕和別人親密接觸

_____ 不討人喜愛

_____ 感到無助、無力、絕望

_____ 為人脆弱

_____ 認為自己老是犯錯

_____ 自我譴責

_____ 覺得自己像一個物體

_____ 覺得自己很壞，沒有價值

_____ 感到孤獨，似乎我不屬於或不適合這個世界

_____ 被人忽略

_____ 感到困惑

_____ 幾乎不會有喜悅或感到快樂

_____ （即使「成功」也）不開心、為人過於嚴肅、沒有幽默感

_____ 情緒麻木、空洞、空乏或平淡

_____ （挺身為自己辯護、犯了錯誤、讓別人失望等的事情而）過
　　　 度內疚

_____ 害怕權威人物

_____ 想要輕生（人不知道如何減輕無法忍受的痛苦時，就會有這
　　　 種反應，我可以理解你有這種想法）

■ **應對行為：害怕被批判、感到失望或被拒絕，自然會做出的行為**

為了贏得別人的認可，我經常……

_____ 不想被拒絕而討好別人

_____ 面帶微笑去取悅別人

_____ 隨隨便便就向別人道歉

_____ 過度順從他人

_____ 避免與別人意見不一致

_____ 不為自己辯護或堅持自己的喜好

_____ 感到迷惘不定，於是尋求他人的認可來證明自己的價值

_____ 以變態的方式尋求別人的關愛

_____ 依附有傷害傾向的人，只為了滿足自己的依附需求

_____ 和有傷害傾向的人在一起，只因為不想被對方拋棄

_____ 刻意去誘惑別人

為了隱藏有缺陷的自我，我……

_____ 保守祕密（例如：把自己的家庭說得很正常；避免談論自己）

_____ 避免與人相處；冷漠、害羞、孤立

_____ 逃避別人，不讓他們碰見

_____ 無法放鬆心情，讓別人認識自己

_____ 不想與人發生關係，以免自己被拒絕

_____ 害怕失敗而不願接受挑戰

_____ 防禦心強、對別人的批評非常敏感；會否認自己做過的壞事

_____ 否認自己有傷痛（因此我無法療癒）

_____ 一心想控制別人，不願喜愛和接受自己

為了修復自己（並讓自己將來不會被人拒絕），我……

_____ 經常自我批評、對自己很嚴苛或對自己生氣（憤怒不會比羞
恥更讓人痛苦）

_____ 自我意識太高和自我判斷太強

_____ 只留意自己的缺點

為了過度補償（想要逃避羞恥感帶來的痛苦），我……

_____ 裝模作樣來給別人留下好印象；不接受自己不完美的地方

_____ 態度傲慢、自誇自播

_____ 自戀、浮誇、自私

_____ 認為自己無懈可擊（這是一種幻覺）

_____ 表現出過度自信以掩飾自身缺乏的自信

_____ 嘗試修復自己（拼命追求完美；死命尋求自我提升，包括整
形、不停健身、追逐財富或地位等）

_____ 過度追求成就（例如：試圖成為超級媽媽，不斷給孩子施加壓力，要他們變得完美）

_____ 嘗試去控制所有人和一切事物

_____ 過於追求秩序，也太愛乾淨

_____ 刻意撒謊，免得別人反對

_____ 過度的自我防衛或為人過於激進（「好的進攻就是最好的防守」）

為了隱藏或逃避自己的痛苦，我……

_____ 麻痺痛苦的感覺（例如：對物質成癮，遺忘童年的多數回憶，否認遭受的傷害；解離）

_____ 過度關注別人，不想觀看內心（相互依賴）；我會同情或拯救別人，不會愛別人；我把別人放在第一位，不論自己是否得付出代價

_____ 傷害自己（這與自我厭惡一致；吸食類鴉片藥物不僅會減輕身體的痛苦，還能減輕因分離或被人拒絕所造成的傷痛）

_____ 將自己孤立起來，不去接觸別人

_____ 不想嘗試或乾脆放棄，以免再度感受失敗的痛苦

_____ 我無法尊重自己，只好跟別人爭鬥來贏得其他人的尊重

_____ 試著逃離別人的眼光，以免他人來批判我

_____ 為了不被人拒絕而討好他們

_____ 不問自己喜歡或需要什麼

_____ 努力做到完美以贏得別人的認可

_____ 做錯事卻不認錯

為了將自己的痛苦投射到別人身上（攻擊別人，讓自己感到優越，同時駁斥自己無足輕重的感覺），**我經常……**

_____ 責備別人，假裝自己是受害者（這也是一種逃避責任）

_____ 有破壞的性格，還擊別人以免丟臉；感到痛苦或憤怒，於是
　　　 猛烈抨擊別人

_____ 批評別人

■ 缺乏自我照顧（如果認為自己沒有價值，自然就會如此）

_____ 我會忽視自己的需要

_____ 我會虐待或傷害自己

_____ 我會屈服而對某些東西上癮或尋求其他刺激來暫時麻痺自
　　　 己，例如：狂歡、吸食毒品、恣意發生性行為卻感到空虛

_____ 我跟別人的關係一直很糟——我允許別人虐待我，因為我害
　　　 怕被對方拋棄，所以還是維持這種亂糟糟的關係

■ 基模（schema，以下某些根深蒂固的觀點或感覺所造成的症狀）

_____ 我不屬於這個世界；我不適合這裡

_____ 我是家裡的害群之馬

_____ 我根本就有問題

_____ 我有缺點、個性軟弱、讓人噁心、為人卑鄙且骯髒

_____ 我的缺點太多了，根本不討人喜愛

_____ 我無能透頂

_____ 別人會容忍我，但不會擁抱我

_____ 我不討人喜愛（所以別人會遠離我）

_____ 別人比我更有價值

_____ 我老是搞砸事情

_____ 我要不掌控一切、完美無缺、超級巨星，要不就一文不值

_____ 我壞到底了，這真是太糟糕了

_____ 我讓那些對我很重要的人感到失望，包括我自己

_____ 我不好，或者不夠好

_____ 我是失敗者（雖然表面上取得成功，但仍感到痛苦和不安）

_____ 壞事發生在壞人身上；既然壞事發生在我身上，我就是壞人

_____ 被人批評是非常可怕的

_____ 我的父母庸庸碌碌；我是他們的後代，所以我也會一事無成

_____ 別人都不理會我的感受、想法或欲望

_____ 我太痛苦了，最好麻痺這種感覺

_____ 我犯了許多錯誤，我得負全部的責任

_____ 如果我嚴厲批評或狂打自己，我就會有所改善

_____ 我是路邊的垃圾

_____ 我不配出人頭地、不配過美好的生活，甚至根本不配活著

_____ 我是別人的負擔

_____ 我不能冒任何的風險

■ 精神上的絕望

_____ 我想知道：「我在上帝面前站得住腳嗎？上帝會拋棄我嗎？我是不可救藥的嗎？」

_____ 我覺得自己與上帝和其他人隔絕了

_____ 我覺得自己失去了純真，再也無法找回來

_____ 我感覺不到上帝的存在／親密／關愛；我覺得我無法接近上帝或與上帝同在

_____ 我感覺自己與讓我感到舒適平靜以及保護我的力量脫節了

_____ 我覺得自己不乾淨、不可原諒

推薦資源＆相關書籍

童年逆境經驗

ACEs Connection Network 其創始人暨發行人簡·史蒂文斯（Jane Stevens）（jstevens@acesconnection.com）支持透過社群的力量，加速運用童年逆境經驗的科學研究，來解決我們目前最棘手的問題：

• ACEs Connection（ACEsConnection.com）為全球性的社群網絡，聯結成千上萬對了解、預防和治癒童年創傷經驗感興趣的組織和社區。它是童年創傷經驗運動的主要訊息交換和資源提供場域，透過各種工具和指南支持全球數百個地方性的童年創傷經驗計畫，讓這些計畫得以順利發展。這個網站提供新聞、科學資訊、研究成果、創傷知情（trauma-informed）和復原力建立（resilience-building）的做法、政策、資源，以及和童年逆境經驗的調查結果。

• ACEs Too High（ACEsTooHigh.com）這個新聞網站會發佈關於童年逆境經驗科學、研究、報告和最新發展的消息，以及不同部門（比如教育、醫療保健、執法和信仰社區）如何整合基於童年逆境經驗科學的創傷知情做法。

創傷後壓力症候群（PTSD）

尋找專業的創傷治療

成年人若能理解並化解因創傷而遭受的痛苦，不僅能夠少受點苦，還能與孩子形成更安全的依附關係。

• Accelerated Resolution Therapy（https://acceleratedresolutiontherapy.com）加速分辨率療法（ART）是一種前景看好的治療方法，使用眼球運動能消除過往令讓人不安的心像，並且用積極的心像去取而代之。可前往該網站尋找 ART 治療師。

• EMDR Institute（https://www.emdr.com）接受過眼動減敏感及再經歷治療法（EMDR）培訓的臨床醫生國際名錄。

• EMDR International Association（https://www.emdria.org）可以透過該網站找到 EMDR 治療師。

‧ GoodTherapy.org 可按照地區和專業領域搜索治療師，這些治療師會自我介紹，同時報出費用和保險範圍。

‧ HelpPRO Therapist Finder（https://www.helppro.com）可以找到被認定為創傷治療師的在地人。

‧ Intensive Trauma Therapy（https://www.TraumaTherapy.us）可從中找到接受 Instinctual Trauma Response ™療法培訓的專業人員。這種療法能幫助患者以較快速且可以忍受的方式，去化解和處理完畢創傷經歷。它還會培訓父母、教育工作者和治療師（www.ITRtraining.com）。

‧ International Society for Traumatic Stress Studies（https://istss.org）可尋找在地的創傷治療臨床醫生。

‧ National Child Traumatic Stress Network（nctsn.org）為受過創傷的兒童、他們的家人和心理健康專業人員提供各種資源。可以發送電子郵件至 info@nctsn.org 請求地區中心為受創兒童及其家人提供臨床護理。若想得知尋找專業心理健康援助的其他方法，請點擊首頁上的「GET HELP NOW」（立即獲取幫助），再點擊「Seeking Mental Health Guidance and Referrals」（尋求心理健康指導和推薦資源）。網站還提供有關創傷、依附和創傷治療及其有效的文章和影片。此外，它還為創傷專業人士提供教育培訓。

‧ Sensorimotor Psychotherapy Institute（https://www.sensorimotorpsychotherapy.org）可尋找使用帕特‧奧格登博士的感覺動作療法的在地治療師。

‧ SIDRAN Institute（Derwood, MD; https:// www.sidran.org）提供在地創傷治療專家的姓名、資料和其他資源。

關於創傷治療

‧ Schiraldi, G. R. 2016. *The Post-Traumatic Stress Disorder Sourcebook*. New York: McGraw-Hill，這本書清楚解釋創傷後壓力疾患（post-traumatic stress disorder）的性質和各種治療法。創傷後壓力疾患可能由童年創傷、戰爭和被人性侵所造成。

‧ Shapiro, R. 2010. *The Trauma Treatment Handbook*. New York: W. W.

Norton 是另一本優良書籍，概述創傷性壓力的各種療法。

• Courtois, C. A., and Ford, J. D. 2013. *Treatment of Complex Trauma: A Sequenced, Relationship-Based Approach.* New York: Guilford。本書提到有些人年幼時就經常被人反覆虐待和忽視；對這些人來說，單一或短期的治療通常是不夠的。

<u>基於身體的治療</u>

• Emotional Freedom Technique（https://www.emofree.com）對於安定情緒非常有幫助；當眼動減敏感及再經歷治療法效果不彰時很有用。該網站提供免費的說明指引。

• Levine, P. A. 2010. *In an Unspoken Voice: How the Body Releases Trauma and Restores Goodness.* Berkeley, CA: North Atlantic Books。 萊文（Levine）的身體經驗創傷療法（Somatic Experiencing®）能幫助倖存者感知身體創傷並逐漸釋放鎖在體內的能量；也可參閱 Levine, P. A., and Kline, M. (2008). *Trauma-Proofing Your Kids*. Berkeley, CA: North Atlantic Books 一書。

• Miller-Karas, E. 2015. *Building Resilience to Trauma: The Trauma and Community Resiliency Models.* New York: Routledge. 針對臨床醫生和外行人的基於身體的實用干預措施。也可前往 https://www.traumaresourceinstitute.com 下載免費 iChill app；該軟體會教導基於身體的自助實用技巧，讓各位能返回彈性區域，在處於困難時期提供追蹤、資源分配和急救的功能。

• Ogden, P., K. Minton, and C. Pain. 2006. *Trauma and the Body: A Sensorimotor Approach to Psychotherapy.* New York: W. W. Norton。心理治療師帕特 · 奧格登一直是身體導向療法的先驅，她提出了一種整合認知、情緒和身體的創傷療法。當自上而下（認知）方法無法發揮作用時，奧格登提供自下而上的替代方案。另見配套的參考書籍：Ogden, P., and J. Fisher. 2015. *Sensorimotor Psychotherapy: Interventions for Trauma and Attachment*. New York: W. W. Norton。

請注意：你可能會尋求其他經過充分研究的創傷療法，如「認知處理療法」（cognitive processing therapy）、「長時間暴露治療」

（prolonged exposure）和以創傷為重點的個別「認知行為治療」（cognitive behavioral therapy）。無論如何，請向有先見的治療師詢問他們治療童年創傷（childhood trauma，有時稱為複雜或發育性創傷〔complex or developmental trauma〕）的經驗。此外，新出現的證據指出，網路上的自我引導創傷干預措施可能對某些人有效。

心像培育

Steele, A. 2007. *Developing a Secure Self: An Attachment-Based Approach to Adult Psychotherapy.* CDs and printed guide. Gabriola, BC, Canada: April Steele（https://april-steele.ca）。強大的心像練習，可以化解與幼年經驗有關的依附缺乏和自尊傷害，足以補充創傷治療。想像的嬰兒代表你的核心自我，這些練習旨在讓你和自己重新建立關係，因為這種關係可能在幼年時受損；此外，練習也讓你將過去與現在分開，以及透過加強個人自信來提升探索的信心，讓你做好準備來治療創傷。簡單安全，沒有明顯有害的副作用。

基於依附的夫妻和家庭治療

Emotion-focused therapy for couples（EFT; www.iceeft.com）。當不安全型依附干擾親密關係時，「情緒取向治療」（emotion-focused therapy，簡稱 EFT）的治療師會幫助你找出沒有意識到的脆弱點，並以加強依附紐帶的方式解決潛在的情緒問題。這種治療是基於蘇珊‧強生（Susan Johnson，2019 年）的研究。夫妻（伴侶）將接受引導，透過舒緩和支持性回應去彌補和療癒依附傷害。比傳統培養夫妻關係的技巧更有效；超過 70% 的夫妻發現他們接受治療後，彼此的關係有所改善。治療核心是誠實表達依附需求，並共同努力創造安全的避風港和安全基礎。另外，強生還提出情緒取向的家庭療法（emotionally focused family therapy，簡稱 EFFT）。

壓力和創傷釋放練習

• Berceli, D. 2015. *Shake It Off Naturally: Reduce Stress, Anxiety, and Tension with Trauma Release Exercises (TRE)*. DVD, 40 分鐘。腰大肌將下脊柱連接到骨盆和股骨。我們受到威脅而退縮或準備戰鬥或逃跑時，

它會出於本能而收縮。這 7 項易於學習的練習可以讓這塊主要肌肉釋放緊張感，這種感覺會礙於創傷記憶（包括性虐待）而被鎖住，因為大腦仍在努力讓受害者生存。這種長期緊張通常會導致背部、肩部和頸部疼痛，也會引發胃腸道的問題。而允許這個部位自然震動通常可以使人平靜。這種自助練習非常有用，可以減輕壓力或作為其他創傷療法的輔助手段。練習時大約需要 15 分鐘。

• 平甩功（李鳳山師傅的 YouTube 影片）是非常放鬆的練功法，可讓人充滿活力和調節身體。

吸收營養來保健腦部

• Oldways（http://tiny.cc/8jspzy）是廣受尊敬的非營利組織，致力於提供營養建議讓人們改善健康。各位可上這個網站搜尋 Mediterranean meal plan（地中海飲食計畫）。

• Neff, K. 2011. *Self-Compassion: The Proven Power of Being Kind to Yourself.* New York: William Morrow。自我慈悲是治癒童年逆境經驗的核心；也可前往 https://self-compassion.org 去尋找自我慈悲、自我評估和其他有用的工具。

• Schiraldi, G. R. 2016. *The Self-Esteem Workbook.* Oakland, CA: New Harbinger。建立自尊的技巧，有助於預防與壓力相關的疾病，並且讓患者更快復原。這本書很重要，可搭配本書一起使用，因為童年逆境經驗通常會傷害人的自尊。

• Schiraldi, G. R. 2017. *The Resilience Workbook.* Oakland, CA: New Harbinger。從創傷中恢復並促進心理健康表現的一系列技巧。復原力已被證實是對抗童年逆境經驗的有效工具。

• Shapiro, F. 2012. *Getting Past Your Past.* New York: Rodale。本書作者就是發明眼動減敏感及再經歷治療法的心理治療師，他提供許多有用的原則和技巧，讓讀者療癒過去逆境造成的傷痛。

兒童、青少年和照顧者的協同創傷治療

• Child Parent Psychotherapy（https://childparentpsychotherapy.

com）基於依附理論，幫助從出生到 5 歲的孩子和父母或照顧者療癒。孩子和父母被視為一個團體，因為孩子需要父母待在他們身邊。幫助受到創傷以及有心理健康、依附或行為問題的兒童；同時，父母會了解自己的創傷如何影響他們養育的方式。遊戲療法有助於孩子去交流，許多技巧能幫助孩子和父母應對和建立聯繫，這種幼年生活的干預方式有助於打破創傷的代間傳遞（intergenerational transmission）。通常是每週在家裡或辦公室的遊戲室進行一次療程，總共有 52 次。

　　• Parent Child Interaction Therapy（https://pcit.ucdavis.edu; pcit.org）針對有行為問題和自閉症的兒童以及收養或寄養家庭。透過家長與孩子的共同輔導課程，教導人際關係和管教孩童的技巧，通常是 12 到 20 次療程。

　　• Trauma-Focused Cognitive Behavioral Therapy（TF-CBT; https://tfcbt.org）許多國家已經深入研究這種療法，幫助從 3 歲兒童到 18 歲青少年，讓他們從單一、多重的複雜創傷和憂鬱、焦慮和行為問題中復原。多數人接受了不到 16 次療程就會有顯著的改善，這些包括單獨的兒童和家長療程，以及未冒犯孩子的父母或照顧者的聯合療程。治療內容包含育兒技巧、管理壓力和情緒、處理創傷、講述創傷故事、替換有害思想、在現實生活中接觸不再導致危險的觸發因素，以及預防自殘、化解輕生念頭和建立關係的未來策略。

父母、孩子和社區

1. 育兒支持

　　• Circle of Security（https://www.circleofsecurityinternational.com）針對父母的早期干預計畫。這項為期 8 週或 20 週的計畫有助於加強親子關係並讓孩子感到安全，為父母提供安全關係的模型和親子互動影片。父母學會調節自己的情緒來面對感到痛苦的孩子，也能了解孩子的情緒需求，幫助他們管理情緒和提高自尊心。

　　除此之外，亦有針對兒童虐待和忽視預防的家訪計畫，包括準媽媽在內的父母在家中受訪，從中接受有效育兒方面的知識，讓這些父母獲得社會支持和參與社區服務，或者幫助他們接受教育和就業。例如：

• Attachment and Biobehavioral Catch-up（www.abcintervention. org）其旨在促進嬰兒─照顧者的依附安全和自我調節。每週 10 次、每次 1 小時的家訪，讓那些經歷過童年逆境的嬰幼兒照顧者觀看積極互動的反饋影片。這項計畫對兒童和照顧者皆有益。

• Child First（https://www.childfirst.org）提供免費的密集家庭服務，可幫助非常脆弱的孩童（產前嬰兒到 5 歲的幼兒），也可幫助家庭走出創傷的陰影和擺脫逆境的影響。每週都進行家訪，幫助父母建立一個能適度養育孩子的穩定家庭。讓家庭獲得所需的社區服務，並建立牢固而充滿關愛的親子關係。幫助父母謀職、找到安全的住所和語言治療師，以及獲得醫療服務。

• Head Start and Early Head Start（https://www.acf.hhs.gov）為美國聯邦政府資助的免費社區計畫，可幫助有孕婦、嬰幼兒或 5 歲以下兒童的低收入家庭。讓家庭獲得所需的社區服務，並且進行家訪，確保兒童生活在安全的環境。

• Healthy Families America（https://www.healthyfamiliesamerica. org）會定期進行家訪，協助單親家庭以及幫助低收入、有童年逆境經驗或藥物濫用等問題的父母。家庭若在孩子出生以前或出生後 3 個月內註冊，可以在孩子 5 歲生日之前持續接受服務。提供許多網站資訊，以及家長支持小組和父親參與計畫。

• Nurse-Family Partnership（https://www.nursefamilypartnership. org）替全美初為人母的貧窮女士協尋免費的私人護士進行家訪（父親也可加入），從懷孕到孩子 2 歲前提供建議和幫助。

• National Center for Fathering（fathers.com）為非營利組織，分享研究成果提供教育，讓父親和父職人物（father figure）參與孩子的生活。每週免費的電子報提供想法、建議和靈感。

• National Parent Helpline（www.nationalparenthelpline.org）有訓練有素的專家會給予情感上的支持，並提供育兒方面的資源。

• SAFE® Secure Attachment Family Education（https://www. khbrisch.de/en/prevention-projects/safe）這個育兒群組可促進父母和孩子之間的安全依附，提供從母親懷孕到孩子出生第 1 年年底可參照的 4 個模組。準父母可檢視自己的童年創傷，並且探索何時生小孩的各種期

望、育兒技巧、幻想和恐懼，還能藉此減輕壓力。其他主題包括分娩經歷、產後憂鬱症、護理、睡眠、觀察親子如何依附、認識和適當回應嬰兒發出的訊息、當嬰兒不睡覺或怎麼安慰都不聽時該如何處理的方法，以及治療為人父母尚未解決的創傷。在歐洲、美國、俄羅斯、澳大利亞和紐西蘭提供服務。

2. 收費的育兒教育

• Incredible Years（www.incredibleyears.com）為針對家長、兒童和教師的循證小組計畫（evidence-based group program），旨在預防和管理幼兒的行為問題（例如：注意力缺失／過動疾患〔ADHD，attention deficit/hyperactivity disorder〕、自閉症、品行不良等的問題），並提高他們的社交、表達情緒和學習的能力。這些提供服務的機構通常會得到外部資金的奧援，因此會大幅調降收費。

• Triple P Online（https://www.triplep-parenting.com）為線上育兒計畫，可讓你選擇適合自身家庭需求的策略。

3. 教導孩子同理心

B.A.S.E.® Babywatching（https://www.base-babywatching.de/en）幫助 3 歲至 12 歲的兒童培養敏感度和同理心、增強他們的依附能力以及讓孩童不會心生恐懼和攻擊別人，藉此讓他們的情緒更健康並做好準備去迎接成長。在嬰兒出生後的第 1 年，讓孩子每週觀察一次父母和剛出生的嬰兒。他們會描述父母和嬰兒在做什麼以及為什麼要這麼做，以及兩者如何在情感上相互作用和相互影響。最後，孩子會被問到當他們想像自己處於父母或嬰兒的位置時會有什麼樣的感覺。研究指出，參與這項計畫的兒童會變得不那麼好鬥、反抗、焦慮、憂鬱、退縮和好動；女孩的身體症狀會減少，孩童的睡眠障礙也比較不會出現。在日間的托育中心、學校、懲戒和創傷住院環境中實施。有了正面積極的情緒體驗，父母、老師和長輩也能從中受益。

4. 學校可用的資源

• Empowering Education（https://empoweringeducation.org）為基於正念的全面社交和情緒學習網站。教導應對技巧、和平解決問題的方

式、如何呼吸、自我慈悲、健康的自我對話和合作。

• Helping Traumatized Children Learn（https://traumasensitiveschools.org）讓人認識到創傷會導致孩童的學習問題；建立安全和提供支持的學校。

• Peacemaker Resources（https://www.peacemakerresources.org） 培訓學校教職員和青年組織社交和表達情緒的技巧。

5. 專家可用的資源

• SAFE® Secure Attachment Family Education（https://www.safe-programm.de/en）可至該網站向專家請益學習，這些專家曾經協助懷孕的母親、父母和他們的嬰兒。

• Zero to Three（https://www.zerotothree.org）為那些與孩童溝通的專業人員（或教他人如何與孩童溝通的專業人員）提供資源，讓他們知道孩童出生後 3 年之內如何成長的資訊。

• 可參閱前面提到的 National Child Traumatic Stress Network。

謝辭

撰寫本書時，我確實感覺自己站在巨人的肩膀上。首先，我要感謝文森‧費利蒂博士，他與他的研究員同事羅伯特‧安達博士構思了童年創傷經驗的研究，並且孜孜不倦，致力於讓民眾了解童年創傷經驗與人體健康的關聯。我也要感謝簡‧史蒂文斯，她不斷透過童年創傷經驗連結網絡（ACEs Connection Network），向世界宣傳童年創傷經驗的概念和療癒方法。儘管她的工作量很大，簡和她的員工依舊能在工作中彼此關心、友善相處。此外，我要謝謝娜汀‧柏克‧哈里斯（Nadine Burke Harris）博士，她從公共衛生的角度出發，孜孜不倦對外宣揚要對抗童年逆境經驗的必要性。

我深受美國神經心理學家艾倫‧肖爾博士的影響，他總是耐心十足，努力從事研究，將「依附心理學」（attachment psychology）與「發展神經科學」（developmental neuroscience）聯繫起來，讓依附理論先驅約翰‧鮑爾比博士（Dr. John Bowlby）和瑪麗‧安斯沃思博士（Dr. Mary Ainsworth）剛推動的研究得以進一步發展。

心理治療師帕特‧奧格登博士在透過基於身體的治療（這是原本治療創傷時欠缺的部分）來治癒創傷性傷痛方面，做出了寶貴的貢獻。我特別感謝她能發揮影響力，促進調節壓力激發、改變羞恥感連線以及（與已故的弗朗辛‧夏皮洛博士一起）創造新未來的技巧。

我要感謝許多啟發本書中心像練習的博士學者，包括：亨利‧克勞德（Henry Cloud）、丹尼爾‧席格、肯特‧霍夫曼（Kent Hoffman）、艾麗西亞‧利伯曼（Alicia Lieberman）、克蘭西‧麥肯齊、露絲‧牛頓（Ruth Newton）和艾倫‧肖爾。尤其，我要特別感謝理科碩士艾波麗爾‧斯蒂爾對自育心像所提出的傑出研究成果。

我非常感謝威廉‧贊格威爾博士，感謝他率先提出漂回策略。我也要感謝有許可證的臨床社會工作者辛迪‧布朗寧和弗朗辛‧夏

皮洛博士進一步發展這些策略。

我很欣賞從適當的角度去檢視「自己感覺不夠好」的想法，而這是根據溫迪‧烏爾里希（Wendy Ulrich）博士的建議；在第 28 章已進一步討論這點。

新先驅出版物（New Harbinger Publications）的泰西利亞‧哈瑙爾（Tesilya Hanauer）和其他的編輯以及製作人員非常有耐心，從始至終都一直鼓勵、關懷和支持我。謝謝大家！

此外，感謝那些歷經童年創傷和其他形式創傷，而倖存下來的人們不斷激勵我。你們果敢堅毅，克服逆境，我要謝謝你們。在我們一起工作的過程中，你們讓我學會如何才能鼓勵和支持你們。認識你們之後，我才變得更好。最後，我要特別感謝我的妻子多琳（Dori），因為她是完美的，充滿愛心，是孩子和我的依附對象。

參考文獻

Allen, J. G., L. Coyne, and J. Huntoon. 1998. "Complex Posttraumatic Stress Disorder in Women from a Psychometric Perspective." *Journal of Personality Assessment* 70: 277–298.

Annand, K. J. S., and P. R. Hickey. 1987. "Pain and Its Effects in the Human Neonate and Fetus." *The New England Journal of Medicine* 317: 1321–1329.

Ano, G. G., and E. B. Vasconcelles. 2005. "Religious Coping and Psychological Adjustment to Stress: A Meta-Analysis." *Journal of Clinical Psychology* 61: 461–480.

Anonymous Press. 1992. Mini Edition of AA. Malo, WA: The Anonymous Press.

Askelund, A. D., S. Schweizer, I. M. Goodyer, and A.-L. van Harmelen. 2019. "Positive Memory Specificity Is Associated with Reduced Vulnerability to Depression." *Nature Human Behaviour* 3: 265–273.

Bandelow, B., C. Späth, G. A. Tichauer, A. Broocks, G. Hajak, and E. Rüther. 2002. "Early Traumatic Life Events, Parental Attitudes, Family History, and Birth Risk Factors in Patients with Panic Disorder." *Comprehensive Psychiatry* 43: 269–278.

Bandelow, B., A. Charimo Torrente, D. Wedekind, A. Broocks, G. Hajak, and E. Rüther. 2004. "Early Traumatic Life Events, Parental Rearing Styles, Family History of Mental Disorders, and Birth Risk Factors in Patients with Social Anxiety Disorder." *European Archives of Psychiatry and Clinical Neuroscience* 254: 397–405.

Berlin, L. J., J. Cassidy, and K. Appleyard. 2008. "The Influence of Early Attachments on Other Relationships." In *Handbook of Attachment*, 2nd ed., edited by J. Cassidy and P. R. Shaver. New York: Guilford.

Blumenthal, J. A., P. J. Smith, S. Mabe, A. Hinderliter, P. Lin, L. Liao, et al. 2019. "Lifestyle and Neurocognition in Older Adults with Cognitive Impairments: A Rondomized Trial." *Neurology* 92: e212–e223.

Borysenko, J. 1990. *Guilt Is the Teacher, Love Is the Lesson*. New York: Hachette Book Group.

Bradshaw, J. 1988. *Healing the Shame That Binds You*. Deerfield Beach, FL: Health Communications.

Bray, R. L. 2017. "Thought Field Therapy Center of San Diego." /rlbray.com.

Brisch, K. H. 2011. *Treating Attachment Disorders: From Theory to Therapy*. 2nd ed. New York: Guilford.

Brooks, A. 2008. *Gross National Happiness: Why Happiness Matters for America—and How We Can Get More of It*. New York: Basic Books.

Browning, C. 1999. "Floatback and Float Forward: Techniques for Linking Past, Present and Future." *EMDRIA Newsletter* 4: 12–13.

Cassidy, J. 2008. "The Nature of the Child's Ties." In *Handbook of Attachment: Theory, Research, and Clinical Applications*, 2nd ed., edited by J. Cassidy and P. R. Shaver. New York: Guilford.

Cerci, D., and E. Colucci. 2017. "Forgiveness in PTSD After Man-Made Traumatic Events: A Systematic Review." *Traumatology* 24: 47–54.

Chen, Y., and T. J. VanderWeele. 2018. "Associations of Religious Upbringing with Subsequent Health and Well-being from Adolescence to Young Adulthood: An Outcome-wide Analysis." *American Journal of Epidemiology* 187: 2355–2364.

Childre, D. L., and D. Rozman. 2005. *Transforming Stress: The HeartMath Solution for Relieving Worry, Fatigue, and Tension*. Oakland, CA: New Harbinger Publications.

Craig, G. 2013. "The EFT Basic Recipe by Founder Gary Craig." www.youtube.com/watch?v=1wG2FA4vfLQ.

Currier, J. M., J. M. Holland, and K. D. Drescher. 2015. "Spirituality Factors in the Prediction of Outcomes of PTSD Treatment for U. S. Military Veterans." *Journal of Traumatic Stress* 28: 57–64.

Davidson, R. J. 2009. Keynote address at Investigating and Integrating Mindfulness in Medicine, Health Care, and Society conference, Worcester, MA.

Eidhof, M. B., A. A. A. M. J. Djelantik, E. R. Klaassens, V. Kantor, D. Rittmansberger, M. Sleijpen, et al. 2019. "Complex Posttraumatic Stress Disorder in Patients Exposed to Emotional Neglect and Traumatic Events: Latent Class Analysis." *Journal of Traumatic Stress* 32: 23–31.

Emerson, R. W. 1901. "The American Scholar," an oration delivered before Harvard's Phi Beta Kappa Society, August 31, 1837. New York: Laurentian Press.

Engel, B. 2006. *Healing Your Emotional Self*. New York: Wiley.

Enright, R. 2012. *The Forgiving Life: A Pathway to Overcoming Resentment and Creating a Legacy of Love*. Washington, DC: American Psychological Association.

Epstein, L. J. 2010. "The Surprising Toll of Sleep Deprivation." *Newsweek*, June 28 and July 5, 75.

Farnsworth, J. K., and K. W. Sewell. 2011. "Fear of Emotion as a Moderator Between PTSD and Firefighter Social Interactions." *Journal of Traumatic Stress* 24: 444–450.

Farrell, W., and J. Gray. 2018. *The Boy Crisis: Why Our Boys Are Struggling and What We Can Do About It*. Dallas, TX: BenBella Books.

Felitti, V. 2002. "The Relation Between Adverse Childhood Experiences and Adult Health: Turning Gold into Lead." *Permanente Journal* 6: 44–47.

Felitti, V., and R. F. Anda. 2014. "The Lifelong Effects of Adverse Childhood Experiences." In *Child Maltreatment: Sexual Abuse and Psychological Maltreatment*, vol. 2, 4th ed., edited by D. L. Chadwick et al. St. Louis: STM Learning.

Figley, C. R. 1995. Correspondence to colleagues in traumatic stress. June 27.

Flowers, S., and B. Stahl. 2011. *Living with Your Heart Wide Open: How Mindfulness and Compassion Can Free You from Unworthiness, Inadequacy, and Shame*. Oakland, CA: New Harbinger Publications.

Foa, E. B., A. Ehlers, D. M. Clark, D. F. Tolin, and S. M. Orsillo. 1999. "The Posttraumatic Cognitions Inventory (PTCI): Development and Validation." *Psychological Assessment* 11: 303–314.

Follette, V. M., and J. Pistorello. 2007. *Finding Life Beyond Trauma: Using Acceptance and Commitment Therapy to Heal from Post-Traumatic Stress and Trauma-Related Problems*. Oakland, CA: New Harbinger Publications.

Fouts, J. D. 1990. "Life's Accomplishments and Internal Resources." Handout.

Francis, H. M., R. J. Stevenson, J. R. Chambers, D. Gupta, B. Newey, and C. K. Lim. 2019. "A Brief Diet Intervention Can Reduce Symptoms of Depression in Young Adults—A Randomised Controlled Trial." *PLoS One* 14: e0222768.

George, C., N. Kaplan, and M. Main. 1985. *Adult Attachment Interview Protocol*, 2nd ed. Unpublished manuscript, Department of Psychology, University of California, Berkeley.

Gilbert, P., and S. Procter. 2006. "Compassionate Mind Training for People with High Shame and Self-Criticism: Overview and Pilot Study of a Group Therapy Approach." *Clinical Psychology and Psychotherapy* 13: 353–379.

Goddard, A. W. 2017. "The Neurobiology of Panic: A Chronic Stress Disorder." *Chronic Stress* 1: 1–14.

Granqvist, P., T. Ivarsson, A. G. Broberg, and B. Hagekull. 2007. "Examining Relations Among Attachment, Religiosity, and New Age Spirituality Using the Adult Attachment Interview." *Developmental Psychology* 43: 590–601.

Grossman, K., K. E. Grossman, H. Kindler, and P. Zimmermann. 2008. "A Wider View of Attachment and Exploration: The Influence of Mothers and Fathers on the Development of Psychological Security from Infancy to Young Adulthood." In *Handbook of Attachment: Theory, Research, and Clinical Applications*, 2nd ed., edited by J. Cassidy and P. R. Shaver. New York: Guilford.

Hammermeister, J. J., and M. Peterson. 2001. "Does Spirituality Make a Difference? Psychosocial and Health-Related Characteristics of Spiritual Well-Being." *American Journal of Health Education* 32: 293–297.

Harrison, C. C. 2012. *He Did Deliver Me from Bondage*. Hyrum, UT: Hearthaven Publishing.

Harvard University. Center on the Developing Child. N.D. https://developingchild.harvard.edu.

Harvey, S. T., and J. E. Taylor. 2010 "A Meta-Analysis of the Effects of Psychotherapy with Sexually Abused Children and Adolescents." *Clinical Psychology Review* 30: 517–535.

Haug, W., and P. Wanner. 2000. "The Demographic Characteristics of Linguistic and Religious Groups in Switzerland." In *The Demographic Characteristics of National Minorities in Certain European States*, vol. 2, edited by W. Haug, P. Compton, and Y. Courbage.

Hayes, S. C., with S. Smith. 2005. *Get Out of Your Mind and Into Your Life: The New Acceptance and Commitment Therapy*. Oakland, CA: New Harbinger Publications.

Hayes, S. C., K. D. Strosahl, and K. G. Wilson. 1999. *ACT: An Experiential Approach to Behavior Change*. New York: Guilford.

Heller, L., and A. LaPierre. 2012. *Healing Developmental Trauma: How Early Trauma Affects Self-Regulation, Self-Image, and the Capacity for Relationship*. Berkeley, CA: North Atlantic Books.

Hendel, H. J. 2018. *It's Not Always Depression*. London: Penguin Life.

Herman, J. L. 2014. "PTSD as a Shame Disorder: A Work in Progress." ISTSS Webinar. October 15. jherman@challiance.org. https://www.istss.org/ISTSS_Main/media/Webinar_Recordings/WEB1014/slides.pdf.

Hoeppner, B. B., M. R. Schick, H. Carlon, and S. S. Hoeppner. 2019. "Do Self-Administered Positive Psychology Exercises Work in Persons in Recovery from Problematic Substance Use? An Online Randomized Survey." *Journal of Substance Abuse Treatment* 99: 16–23.

Huttunen, M. O., and P. Niskanen. 1978. "Prenatal Loss of Father and Psychiatric Disorders." *Archives of General Psychiatry* 35: 429–431.

Huuskes, L. M., P. C. L. Heaven, J. Ciarrochi, P. Parker, and N. Caltabiano. 2016. "Is Belief in God Related to Differences in Adolescents' Psychological Functioning?" *Journal for the Scientific Study of Religion* 55: 40–53.

Imrie, S., and N. A. Troop. 2012. "A Pilot Study of the Effects and Feasibility of Compassion-Focused Expressive Writing in Day Hospice Patients." *Palliative & Supportive Care* 10: 115–122.

Johnson, S. M. 2019. *Attachment Theory in Practice: Emotionally Focused Therapy (EFT) with Individuals, Couples, and Families*. New York: Guilford.

Karen, R. 1994. *Becoming Attached: First Relationships and How They Shape Our Capacity to Love*. New York: Oxford University Press.

Kaufman, G. 1996. *The Psychology of Shame*, 2nd ed. New York: Springer Publishing.

Kearney, D. J., C. A. Malte, C. McManus, M. E. Martinex, B. Felleman, and T. L. Simpson. 2013. "Loving-kindness Meditation for Posttraumatic Stress Disorder: A Pilot Study." *Journal of Traumatic Stress* 26: 426–434.

Kendrick, S., and A. Kendrick. 2011. *The Resolution for Men*. Nashville: B&H Publishing.

Kirschbaum, C., J. C. Prüssner, A. A. Stone, I. Federenko, J. Gaab, D. Lintz, et al. 1995. "Persistent High Cortisol Responses to Repeated Psychological Stress in a Subpopulation of Healthy Men." *Psychosomatic Medicine* 57: 468–474.

Koenig, H. G. 1997. *Is Religion Good for Your Health? The Effects of Religion on Physical and Mental Health*. New York: Hayworth Pastoral Press.

Koenig, H. G. 2012. "Religion, Spirituality, and Health: The Research and Clinical Implications." *International Scholarly Research Network Psychiatry* 2012: 278730.

Koenig, H., D. E. King, and V. B. Carson. 2012. *Handbook of Religion and Health*, 2nd ed. New York: Oxford University Press.

Levine, P. A. 2010. *In an Unspoken Voice: How the Body Releases Trauma and Restores Goodness*. Berkeley, CA: North Atlantic Books.

Levy-Shiff, R., M. A. Hoffman, S. Mogilner, S. Levinger, and M. B. Mogilner. 1990. "Fathers' Hospital Visits to Their Preterm Infants as a Predictor of Father-Infant Relationship and Infant Development." *Pediatrics* 86: 289–293.

Lewis, T., F. Amini, and R. Lannon. 2000. *A General Theory of Love*. New York: Vintage.

Lipsitt, L. P. 2012. "Long-term Consequences of Perinatal Trauma." In *Encyclopedia of Trauma: An Interdisciplinary Guide*, edited by C. R. Figley. Thousand Oaks, CA: Sage.

Litz, B. T., L. Lebowitz, M. J. Gray, and W. P. Nash. 2016. *Adaptive Disclosure: A New Treatment for Military Trauma, Loss, and Moral Injury*. New York: Guilford.

Maslow, A. 1968. *Toward a Psychology of Being*, 2nd ed. New York: Van Nostrand Reinhold.

McEwen, B. S. 2017. "Neurobiological and Systemic Effects of Chronic Stress." *Chronic Stress (Thousand Oaks)* 1. doi:10.1177/2470547017692328.

McKenzie, C. D., and L. S. Wright. 1996. *Delayed Posttraumatic Stress Disorders from Infancy: The Two Trauma Mechanism*. New York: Taylor & Francis.

Meewisse, M., M. Olff, R. Kleber, N. J. Kitchiner, and B. P. R. Gersons. 2011. "The Course of Mental Health Disorders After a Disaster: Predictors and Comorbidity." *Journal of Traumatic Stress* 24: 405–413.

Mellin, L. 2010. *Wired for Joy: A Revolutionary Method for Creating Happiness from Within*. New York: Hay House.

Michigan Department of Health and Human Services (DHHS). 2017. Pub. 806. "Fatherhood: Give your Child the Dadvantage." https://www.michigan.gov/childsupport.

Mikulincer, M., and P. R. Shaver. 2008. "Adult Attachment and Affect Regulation." In *Handbook of Attachment*, 2nd ed., edited by J. Cassidy and P. R. Shaver. New York: Guilford.

Miller-Karas, E. 2015. *Building Resilience to Trauma: The Trauma and Community Resiliency Model*. New York: Routledge.

Nakazawa, D. J. 2015. *Childhood Disrupted: How Your Biography Becomes Your Biology, and How You can Heal*. New York: Atria.

Nakazawa, D.J. 2020. *The Angel and the Assassin: The Tiny Brain Cell that Changed the Course of Medicine*. New York: Ballantine.

Neff, K. 2011. *Self-Compassion: The Proven Power of Being Kind to Yourself*. New York: William Morrow.

Newberg, A., and M. R. Waldman. 2009. *How God Changes Your Brain: Breakthrough Findings from a Leading Neuroscientist*. New York: Ballantine.

Ogden, P., and J. Fisher. 2015. *Sensorimotor Psychotherapy: Interventions for Trauma and Attachment*. New York: W. W. Norton.

Ogden, P., K. Minton, and C. Pain. 2006. *Trauma and the Body: A Sensorimotor Approach to Psychotherapy*. New York: W. W. Norton.

Pelletier, K. R. 2019. *Change Your Genes, Change Your Life*. San Rafael, CA: Origin Press.

Phan Thi, K. P. 2017. *Fire Road*. Carol Stream, IL: Tyndale House.

Popenoe, D. 1996. *Life Without Father: Compelling New Evidence That Fatherhood and Marriage Are Indispensable for the Good of Children and Society*. New York: Free Press.

Potter-Efron, R., and P. Potter-Efron. 1989. *Letting Go of Shame: Understanding How Shame Affects Your Life*. Center City, MN: Hazelden Foundation.

Price, M., J. P. Connor, and H. C. Allen. 2017. "The Moderating Effect of Childhood Maltreatment on the Relations Among PTSD Symptoms, Positive Urgency, and Negative Urgency." *Journal of Traumatic Stress* 30: 432–437.

Raeburn, P. 2014. *Do Fathers Matter? What Science Is Telling Us About the Parent We've Overlooked*. New York: Scientific American.

Ridout, K. K., M. Khan, and S. J. Ridout. 2018. "Adverse Childhood Experiences Run Deep: Toxic Early Life Stress, Telomeres and Mitochondrial DNA Copy Number, the Biological Makers of Cumulative Stress." *BioEssays* 40: e1800077.

Rothschild, B. 2000. *The Body Remembers: The Psychophysiology of Trauma and Trauma Treatment*. New York: W. W. Norton.

Salzberg, S. 1995. *Lovingkindness: The Revolutionary Art of Happiness*. Boston: Shambhala.

Satchidananda, S. S. 2008. *To Know Your Self: The Essential Teachings of Swami Satchidananda*, 2nd ed. Buckingham, VA: Integral Yoga Publications.

Schiraldi, G. R. 2016. *The Post-Traumatic Stress Disorder Sourcebook: A Guide to Healing, Recovery, and Growth*, 2nd ed. New York: McGraw-Hill.

Schiraldi, G. R. 2016. *The Self-Esteem Workbook*, 2nd ed. Oakland, CA: New Harbinger Publications.

Schiraldi, G. R. 2017. *The Resilience Workbook: Essential Skills to Recover from Stress, Trauma, and Adversity*. Oakland, CA: New Harbinger Publications.

Schore, A. N. 1994. *Affect Regulation and the Origin of the Self: The Neurobiology of Emotional Development*. Hillsdale, NJ: Lawrence Erlbaum Associates, Inc.

Schore, A. N. 1997. "Early Development of the Nonlinear Right Brain and Development of a Predisposition to Psychiatric Disorders." *Development and Psychopathology* 9: 595–631.

Schore, A. N. 2003. *Affect Regulation and the Repair of the Self*. New York: W. W. Norton

Schore, A. N. 2009. "Relational Trauma and the Developing Right Brain: An Interface of Psychoanalytic Self Psychology and Neuroscience." *Annals of the New York Academy of Sciences* 1159: 189–203.

Schore, A. N. 2012. *The Science of the Art of Psychotherapy*. New York: W. W. Norton.

Shapiro, F. 2012. *Getting Past Your Past: Take Control of Your Life with Self-Help Techniques from EMDR Therapy*. New York: Rodale.

Shariful, A. S., and C. B. Nemeroff. 2017. "Early Life Stress, Mood, and Anxiety Disorders." *Chronic Stress* 1: 1-16.

Siegel, D. J. 1999. *The Developing Mind: How Relationships and the Brain Interact to Shape Who We Are*. New York: Guilford.

Singer, M. A. 2007. *The Untethered Soul: The Journey Beyond Yourself*. Oakland, CA: New Harbinger.

Sloan, D. M., B. P. Marx, D. J. Lee, and P. A. Resick. 2018. "A Brief Exposure-Based Treatment vs. Cognitive Processing Therapy for Posttraumatic Stress Disorder: A Randomized Noninferiority Clinical

Trial." *JAMA Psychiatry* 75: 233–239.

Slobodin, O., Y. Caspi, E. Klein, B. D. Berger, and S. E. Hobfall. 2011. "Resource Loss and Posttraumatic Response in Bedouin Members of the Israeli Defense Forces." *Journal of Traumatic Stress* 24: 54–60.

Snyder, C. R., and S. J. Lopez. 2007. *Positive Psychology: The Scientific and Practical Explorations of Human Strengths*. Thousand Oaks, CA: Sage.

Speer, M. E., and M. R. Delgado. 2017. "Reminiscing About Positive Memories Buffers Acute Stress Responses." *Nature Human Behaviour* 1: 0093.

Steele, A. 2007. *Developing a Secure Self: An Attachment-Based Approach to Adult Psychotherapy*. CD and printed guide. Gabriola, BC, Canada: April Steele. https://www.april-steele.ca.

Syed, S. A., and C. B. Nemeroff. 2017. "Early Life Stress, Mood, and Anxiety Disorders." *Chronic Stress (Thousand Oaks)* 1. doi: 10.1177/2470547017694461.

Takikawa, D. 2004. *What Babies Want: An Exploration of the Consciousness of Infants*. DVD. Los Olivos, CA: Hana Peace Works.

Thompson, R. A. 2018. "Social-Emotional Development in the First Three Years." Edna Bennett Pierce Prevention Research Center, Penn State University. http://www.prevention.psu.edu/news/social-emotional-development-in-the-first-three-years.

Tinnin, L., and L. Gantt. 2013. *The Instinctual Trauma Response and Dual-Brain Dynamics: A Guide for Trauma Therapy*. Morgantown, WV: Gargoyle.

Tobin, R. L., A. L. Adrian, C. W. Hoge, and A. B. Adler. 2018. "Energy Drink Use in U.S. Service Members After Deployment: Associations with Mental Health Problems, Aggression, and Fatigue." *Military Medicine* 183: e364–e370.

Ulrich, W. L. 1992. "The Temple, Psychotherapy, and the Traditions of the Fathers." *Issues in Religion and Psychotherapy* 18: article 5.

Vaillant, G. E. 2008. *Spiritual Evolution: A Scientific Defense of Faith*. New York: Broadway.

van Bruggen, V., P. M. ten Klooster, N. van der Aa, A. J. M. Smith, G. J. Westerhof, and G. Glas. 2018. "Structural Validity of the World Assumption Scale." *Journal of Traumatic Stress* 31: 816–825.

Van der Kolk, B. A. 2014. *The Body Keeps the Score: Brain, Mind, and Body in the Healing of Trauma*. New York: Viking.

Van der Kolk, B. A. 2015a. "The Body Keeps the Score." Walden Behavioral Care Conference, October 29, Bentley University, Waltham, MA.

Van der Kolk, B. A. 2015b. "Developmental Trauma Panel." Changing the Paradigm 2015 Conference on Developmental Trauma: Where Trauma Meets Attachment, Echo Parenting and Education, March 5–6, Los Angeles, CA. https://www.echoparenting.org.

Van der Kolk, B. A. 2019. "Healing Trauma: How to Start Feeling Safe in Your Own Body." *The Science of Success* podcast with host Matt Bodnar, April 19. www.successpodcast.com.

Weinberg, M. 2013. "The Bidirectional Dyadic Association Between Tendency to Forgive, Self-Esteem, Social Support, and PTSD Symptoms Among Terror-Attack Survivors and Their Spouses." *Journal of Traumatic Stress* 26: 744–752.

Wilkinson, M. 2010. *Changing Minds in Therapy: Emotion, Attachment, Trauma, and Neurobiology*. New York: W. W. Norton.

Williams, M. B., and S. Poijula. 2013. *The PTSD Workbook*, 2nd ed. Oakland, CA: New Harbinger Publications.

Wolin, S. J., and S. Wolin. 1993. *The Resilient Self: How Survivors of Troubled Families Rise Above Adversity*. New York: Villard Books.

Worthington, E. L., C. V. O. Witvliet., P. Pietrini, and A. J. Miller. 2007. "Forgiveness, Health, and Well-being: A Review of Evidence for Emotional Versus Decisional Forgiveness, Dispositional Forgivingness, and Reduced Unforgiveness." *Journal of Behavioral Medicine* 30: 291–302.

Young-Wolff, K. C., A. Alabaster, B. McCaw, N. Stoller, C. Watson, S. Sterling, et al. 2019. "Adverse Childhood Experiences and Mental Health and Behavioral Health Conditions During Pregnancy: The Role of Resilience." *Journal of Women's Health* 4: 452–461.

Zeigler-Hill, V. 2011. "The Connections Between Self-Esteem and Psychopathology." *Journal of Contemporary Psychotherapy* 41: 157–164.

Zinsmeister, L. 1992. "The Murphy Brown Question: Do Children Need Fathers?" *Crisis*, October 1.

背負創傷長大的你，現在還好嗎？：揭露童年有毒壓力對大腦和行為的影響，以「尊重平靜」取代「羞恥自厭」的自我修復練習 / 格倫 .R. 斯拉迪著；吳煒聲翻譯. -- 初版. --
新北市：幸福文化出版：遠足文化事業股份有限公司發行, 2023.01
　　面；　公分
ISBN 978-626-7184-61-5(平裝)

1.CST: 受虐兒童 2.CST: 心理創傷 3.CST: 心理治療

178.8　　　　　　　　　　　　111020230

富能量 054

背負創傷長大的你，現在還好嗎？

揭露童年有毒壓力對大腦和行為的影響，以「尊重平靜」取代「羞恥自厭」的自我修復練習

作者：格倫 .R. 斯拉迪
譯者：吳煒聲
責任編輯：賴秉薇
編輯協力：周書宇
封面設計：謝佳穎
內文設計、排版：周書宇

總編輯：林麗文
副總編輯：梁淑玲、黃佳燕
主編：高佩琳、賴秉薇、蕭歆儀
行銷企劃：林彥伶、朱妍靜

社長：郭重興
發行人：曾大福
出版：幸福文化／遠足文化事業股份有限公司
地址：231 新北市新店區民權路 108-3 號 8 樓
FB 粉絲團：https://www.facebook.com/
　　　　　　happinessbookrep/
電話：(02)2218-1417
傳真：(02)2218-8057

發行：遠足文化事業股份有限公司
地址：231 新北市新店區民權路 108-2 號 9 樓
電話：(02)2218-1417
傳真：(02)2218-1142
電郵：service@bookrep.com.tw
郵撥帳號：19504465
客服電話：0800-221-029
網址：www.bookrep.com.tw

法律顧問：華洋法律事務所蘇文生律師
印刷：中原造像股份有限公司
電話：(02)2226-9120

初版一刷：2023 年 1 月
定價：380 元
ISBN：978-626-7184-61-5

Printed in Taiwan
著作權所有侵犯必究

【特別聲明】有關本書中的言論內容，不代表本公司／出版集團之立場與意見，文責由作者自行承擔

THE ADVERSE CHILDHOOD EXPERIENCES RECOVERY WORKBOOK

Heal the Hidden Wounds from Childhood Affecting Your Adult Mental and Physical Health

背負創傷長大的你，現在還好嗎？

Glenn R. Schiraldi PhD

壓力管理　‧　創傷復原專家

格倫‧R‧斯拉迪 博士————著

吳煒聲————譯

幸福文化　　　背負創傷長大的你，現在還好嗎？　　富能量 054

讀者回函卡

感謝您購買本公司出版的書籍,您的建議就是幸福文化前進的原動力。請撥冗填寫此卡,我們將不定期提供您最新的出版訊息與優惠活動。您的支持與鼓勵,將使我們更加努力製作出更好的作品。

讀者資料

●姓名:＿＿＿＿＿＿＿＿　● 性別:□男　□女　●出生年月日:民國＿＿年＿＿月＿＿日

● E-mail:＿＿＿＿＿＿＿＿＿＿＿＿＿＿＿＿＿＿＿＿＿＿＿＿＿＿＿＿＿＿

●地址:□□□□□＿＿＿＿＿＿＿＿＿＿＿＿＿＿＿＿＿＿＿＿＿＿＿

●電話:＿＿＿＿＿＿＿＿　手機:＿＿＿＿＿＿＿＿＿　傳真:＿＿＿＿＿＿＿＿＿

●職業:□學生　　　　□生產、製造　□金融、商業　□傳播、廣告　□軍人、公務
　　　　□教育、文化　□旅遊、運輸　□醫療、保健　□仲介、服務　□自由、家管
　　　　□其他

購書資料

1. 您如何購買本書?□一般書店(　　　縣市　　　　書店)　□網路書店(　　　　書店)
　　　　　　　　　□量販店　□郵購　□其他

2. 您從何處知道本書?□一般書店　□網路書店(　　　　書店)　□量販店　□報紙
　　　　　　　　　　□廣播　　　□電視　　□朋友推薦　□其他

3. 您購買本書的原因?□喜歡作者　□對內容感興趣　□工作需要　□其他

4. 您對本書的評價:(請填代號 1.非常滿意 2.滿意 3.尚可 4.待改進)
　　　　　　　　　□定價　□內容　□版面編排　□印刷　□整體評價

5. 您的閱讀習慣:□生活風格　□休閒旅遊　□健康醫療　□美容造型　□兩性　□文史哲
　　　　　　　　□藝術　　　□百科　　　□圖鑑　　　□其他

6. 您是否願意加入幸福文化 Facebook:□是　□否

7. 您最喜歡作者在本書中的哪一個單元:＿＿＿＿＿＿＿＿＿＿＿＿＿＿＿＿＿＿

8. 您對本書或本公司的建議:＿＿＿＿＿＿＿＿＿＿＿＿＿＿＿＿＿＿＿＿＿＿

＿＿＿＿＿＿＿＿＿＿＿＿＿＿＿＿＿＿＿＿＿＿＿＿＿＿＿＿＿＿＿＿＿＿＿＿＿＿

＿＿＿＿＿＿＿＿＿＿＿＿＿＿＿＿＿＿＿＿＿＿＿＿＿＿＿＿＿＿＿＿＿＿＿＿＿＿

＿＿＿＿＿＿＿＿＿＿＿＿＿＿＿＿＿＿＿＿＿＿＿＿＿＿＿＿＿＿＿＿＿＿＿＿＿＿

＿＿＿＿＿＿＿＿＿＿＿＿＿＿＿＿＿＿＿＿＿＿＿＿＿＿＿＿＿＿＿＿＿＿＿＿＿＿